滇版精品出版工程专项资金资助项目

乡村振兴系列丛书

乡村人才振兴

释讲

谭　鑫　杨玉霞　张晋豪　黄　丽
赵　丽　余雨薇　陈　琳　著

云南出版集团
云南科技出版社
·昆　明·

图书在版编目（CIP）数据

乡村人才振兴释讲 / 谭鑫等著 .-- 昆明：云南科技出版社，2023
（乡村振兴系列丛书）
ISBN 978-7-5587-4464-8

Ⅰ．①乡… Ⅱ．①谭… Ⅲ．①农村－社会主义建设－人才培养－研究－中国 Ⅳ．①F320.3

中国国家版本馆 CIP 数据核字（2023）第 024606 号

乡村人才振兴释讲

XIANGCUN RENCAI ZHENXING SHIJIANG

谭　鑫　杨玉霞　张晋豪　黄　丽　赵　丽　余雨薇　陈　琳　著

出 版 人：温　翔
策　　划：高　亢　李　非　胡凤丽
责任编辑：王建明　赵伟力　洪丽春　曾　芫　张　朝　蒋朋美
助理编辑：龚萌萌
封面设计：昆明墨源图文设计有限公司
责任校对：秦永红
责任印制：蒋丽芬

书　　号：ISBN 978-7-5587-4464-8
印　　刷：云南灵彩印务包装有限公司
开　　本：787mm×1092mm 1/16
印　　张：7
字　　数：180 千字
版　　次：2023 年 6 月第 1 版
印　　次：2023 年 6 月第 1 次印刷
定　　价：58.00 元

出版发行：云南出版集团　云南科技出版社
地　　址：昆明市环城西路 609 号
电　　话：0871-64114090

《乡村振兴系列丛书》编委会

本册著者：谭　鑫　杨玉霞　张晋豪　黄　丽　赵　丽

余雨薇　陈　琳

序

民族要复兴，乡村必振兴。

习近平总书记强调，实施乡村振兴战略，是党的十九大作出的重大决策部署，是新时代做好“三农”工作的总抓手。各地区各部门要充分认识实施乡村振兴战略的重大意义，把实施乡村振兴战略摆在优先位置，坚持五级书记抓乡村振兴，让乡村振兴成为全党全社会的共同行动。

云南省委、省政府认真贯彻落实党的十九大精神和十九届历次会议精神，团结带领全省各族群众，积极探索云南的乡村振兴，对全省实施乡村振兴战略进行了规划和部署。印发了《云南省乡村振兴战略规划（2018—2022 年）》。结合《中共云南省委关于制定云南省国民经济和社会发展第十四个五年规划和二〇三五年远景目标的建议》中提出的云南省要全力打造世界一流“三张牌”：“绿色能源牌”“绿色食品牌”“健康生活目的地牌”，大力发展高原特色现代农业，打造粮食、茶叶、花卉、水果、蔬菜、坚果、咖啡、中药材、生猪、肉牛十大高原特色现代农业重点产业。全产业链重塑云南农业，坚持市场导向，选准各地最具优势特色、最有发展潜力的主导产业，找到了云南乡村振兴的实施路径。

云南省的乡村振兴工作在紧锣密鼓地有序推进落实。与此同时，也暴露出一些不足：相关理论政策学习不全面、不彻底、不充分，解读不到位，实施经验不足，案例难寻，缺乏指导性、实操性较强的理论体系支撑。为了巩固拓展脱贫攻坚成果，做好脱贫攻坚与乡村振兴的有效衔接，更好地全面推进云南的乡村振兴战略，特策划出版《乡村振兴系列丛书》。

《乡村振兴系列丛书》立足乡村振兴战略实现农业农村现代化的总目标和坚持农业农村优先发展的总方针，根据产业兴旺、生态宜居、乡风文明、治理有效、生活富裕的总要求，对乡村产业振兴、人才振兴、文化振兴、生态振兴、组织振兴五大目标进行研究和解读，探索乡村振兴的内涵与外延。从农业农村现代化、生态文明建设、兴边富民等方面介绍相关的战略规划与政策体系。并通过乡村振兴基层操作、热词搜索、党建引领、民族团结促进等多渠道探索了乡村振兴的有效实施路径。本丛书系统构建了乡村振兴战略理论研究与实施支撑体系，为乡村振兴战略的推进落实、基层操作提供了丰富的理论研究依据和实施路径指南，具有较强的指导性、操作性。

《乡村振兴系列丛书》具有以下特点：

示范性强：本系列丛书最大的一个亮点，是充分考虑云南边疆民族地区的特点，也侧重于云南脱贫攻坚成果巩固与乡村振兴有效衔接的实际情况，在政策解读、实践操作时，重点考虑了云南作为边疆民族地区的差异、需求，提供切实可行的解决方案和操作要点，如针对边疆民族地区的兴边富民行动介绍；针对民族地区，以民族团结进步示范创建促推乡村振兴……符合实际需求，实操性、示范性较强。

系统性强：本系列丛书层次、版块分明，系统性、完整性较强，选题结构丰富，并兼顾了指导性和可操作性。共分三大层次，第一层次为战略规划、理论政策研究层次；第二层次为产业规划、操作实践层次；第三层次为实用技术类层次，共分产业兴旺、生态宜居、乡风文明、治理有效、生活富裕等版块。第三层次以广大农民为主要读者对象，以农业农村农民为主题，充分考虑农民群众的科技文化需求，力求农民群众读得懂、有实效。

指导性强：从内容来说，本系列丛书系统、全面，既重视理论、政策方面的研究与解读，也重视农村基层的实际需求，探索了操作实践路径，同时收纳了可操性较强的实用案例，参考性和指导性都十分强。

《乡村振兴系列丛书》旨在新形势下探讨乡村治理体系和治理能力现代化提升，通过有效路径，全面推进云南乡村振兴，为云南省农业发展、生产经营、农业科技提供帮助，为农业产业发展升级和农业产业链构建提供理论支撑，为云南省委、省政府的乡村振兴发展部署提供理论研究、法律支持和信息参考。

希望全省的“三农”专家、学者在省委、省政府的领导下，围绕云南全面推进乡村振兴的重大热点、难点问题，深入推进云南乡村振兴的理论研究、政策解读、路径探索等工作，为省委、省政府的决策提供依据、当好参谋，为云南的乡村全面振兴提供智力支持，为云南的农业、农村、农民现代化作出新的、更大的贡献。

《乡村振兴系列丛书》编委会

前　言

乡村振兴是包括乡村产业振兴、人才振兴、文化振兴、生态振兴、组织振兴的全面振兴。党的二十大作出全面建设社会主义现代化国家，最艰巨、最繁重的任务仍然在农村的重要研判；提出要全面推进乡村振兴，要坚持农业农村优先发展，坚持城乡融合发展，畅通城乡要素流动；加快建设农业强国，扎实推动乡村产业、人才、文化、生态、组织振兴。其中，人才振兴是乡村振兴的关键因素，乡村振兴要以人才为支撑。优秀的乡村人才是农村发展最大的动力和宝贵财富。要加快乡村人才的培养，加强乡村人才队伍的建设，为乡村振兴提供坚实的基础。因此，实现乡村全面振兴，必须加快推动人才振兴。

为了让大家对乡村人才振兴有一个全面的了解，本书分为六讲——背景之讲、理论之讲、政策之讲，及其云南乡村人才振兴的现状之讲、路径之讲，最后是案例之讲。

每一讲都试图从人才发展的角度出发，以培养乡村人才为目标，追求高素质、懂技术、会管理人才的全面发展。制订人才培养规划，加快人才队伍建设，完善人才引进机制。以培育乡村本土人才为主，引进社会人才为辅，提升乡村治理能力现代化水平，推动农业农村现代化发展。让各类人才为乡村人才振兴作出有效有力的奉献。

“背景之讲”主要阐释乡村人才的战略意义；

“理论之讲”主要阐释乡村人才的逻辑起点；

“政策之讲”主要阐释乡村人才的制度保障；

“现状之讲”主要阐释乡村人才的求贤若渴；

“路径之讲”主要阐释乡村人才的峰回路转；

“案例之讲”主要阐释乡村人才的方兴未艾。

以期通过这六讲的学习，领导干部，政策研究者、学习者和相关人员能有所裨益。

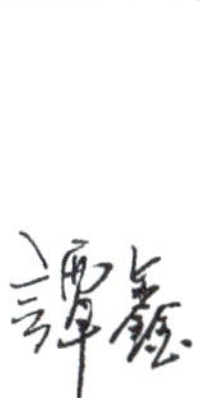

目 录

第一讲　背景之讲

第一节　研究背景

乡村振兴，人才振兴是关键。人才是强国之本、富民之基、发展之源，在中国共产党百年奋斗历程中，我们党始终支持各方面人才发展，引领其为党和人民事业建功立业。乡村要兴关键在人，产业要旺关键也在人。随着乡村振兴战略的深入实施，人才在乡村振兴中发挥的作用也越发广泛与深远。国家乡村振兴的规划战略中也表现出了对人才振兴的高度重视。中共中央国务院发布《关于做好 2022 年全面推进乡村振兴重点工作的意见》（以下简称《意见》），《意见》的出台对当前及整个“十四五”期间的“三农”工作都具有重要的指导意义。《意见》中强调要加强乡村振兴人才队伍建设，其中与人才振兴相关的重点内容包括以下几点：

一、要加快科技人才队伍的建设

要发展和培养使用战略领域科学家、通过启动“神农英才”计划加快培养科技军事人才、青年科技人才和高水平创新团队。

二、要加强人才培养

一方面，要完善耕读教育体系。优化学科专业结构，支持办好涉农高等学校和职业教育。培养乡村规划、设计、建设、管理专业人才和乡土人才。另一方面，要加快培养高素质农民，开展农村产业振兴带头人培育“头雁”项目，开展乡村振兴青春建功行动、乡村振兴巾帼行动。

三、要落实人才引进农村

深入推进科技特派员制度。鼓励地方出台城市人才下乡服务乡村振兴的激励政策。

四、要落实艰苦边远地区基层事业单位公开招聘倾斜政策

对县以下基层专业技术人员开展职称评聘“定向评价、定向使用”工作，对中高级专业

技术岗位实行总量控制、比例单列。

从现实背景看，在乡村振兴的内容体系中，最主要的构成要素是产业、人才、生态、文化、组织。在这五大要素中，人才处于非常独特的位置，有着不可替代的地位。人才振兴作为五大振兴之一，既是基础，也是前提。缺乏人才、缺乏适合乡村发展的人才，是乡村振兴的难题之一。就现今乡村人才发展情况来看：

（1）由于受传统二元结构模式的影响，农村发展速度远远慢于城市。在人、财、物等方面的供给不足，导致高素质劳动力外流严重、人才引进受限。劳动力大部分呈单向流动向城市流去，导致乡村人才日益匮乏、“空心村”现象严重。加之农村居民福利待遇和收入水平都不及城市居民，交通、医疗、教育等相比城市要落后，乡村难以留住人才，乡村振兴内生动力不足。虽然当前国家出台大量政策为乡村留住人才，但相较于城市人才引进的待遇，农村的吸引力明显不足，实施人才引入工程更加困难。

（2）受传统农贫城富思想的限制，城市一定比农村好的落后传统思想已经根深蒂固，大部分农村青少年学习都是为了走出大山，追求更多更好的发展机遇，以此来改善自己的生活条件。同时，城市的“虹吸”现象导致农村大量高素质劳动力外流，加之受农村发展、基础保障等因素的制约，形成了农村留不住人才、城市人才不愿回到乡村的恶性循环。由此可见，农村人才短缺问题已成为实现乡村振兴的核心的问题。

第二节　研究的理论及现实意义

一、理论意义

（一）为乡村振兴提供人才理论指导

通过研究乡村人才振兴，有助于找出目前云南农村乡村振兴中人才振兴存在的困境和重难点，探索人才振兴路径，丰富我国欠发达地区全面推进人才振兴的相关理论，也为其他欠发达地区的人才振兴提供借鉴和参考。

（二）丰富马克思主义人才观

马克思唯物史观认为，人民群众是历史的创造者，是社会物质财富的创造者，是精神财富的创造者，是推动社会进步的决定力量。社会变革的根源是社会矛盾的变化，是人民群众通过自觉的活动来实现社会基本矛盾对历史发展的推动作用，历史上的社会变革是人民群众摧毁旧制度的斗争。因此，在任何情况下，人民群众都是社会变革的主力军和主导力量。开展人才振兴研究，是我国充分从人民利益出发，结合我国发展实际，对马克思主义人才理论的再利用和再实践，进一步丰富了马克思主义人才观。

二、现实意义

实施乡村振兴战略是以习近平同志为核心的党中央对“三农”工作作出的重大决策部署。振兴农村的关键在于人才的振兴，人才是乡村振兴的重要基石。农业人才是实现乡村振兴的关键支撑，是推进农业进步与发展的核心力量，要实现农业现代化，就要抓好人才这一要素。明确人才振兴是实施乡村振兴战略中最具有能动性的因素，是乡村振兴战略的核心与关键，没有人才振兴，就不会有其他领域的振兴。

（一）人才兴、产业旺

人是生产力发展的第一要素，人才是推进乡村事业发展的关键因素。先进技术设备的制造和使用，取决于人才素质的高低，同时，生产效率的高低很大程度上也取决于劳动者素质的高低，足见人（劳动者）素质的重要性。因此，想要实现产业兴旺，必须重视人才这个关键性因素。

（二）人才兴、文化兴

文化需要人继承，文化需要人宣传，文化需要人发展，文化兴旺离不开人，人才是实现乡村振兴的关键性因素。广大基层文化工作者是群众文化生活质量提升的关键，强化文化人才队伍建设，有利于让文化有继承、有宣传、有发展。加强乡村居民文化建设能为经济社会全面转型发展提供强大的价值引导力、文化凝聚力和精神推动力。因此，实现文化兴旺，必须重视人才建设。

（三）人才兴、生态优

人作为促进生态环境事业健康发展的主体，培养生态人才队伍是生态振兴的关键，要守住绿水青山，将生态优势转化为经济优势，就要做好生态人才的培养、引进和利用，使人才在生态环境保护和环境维护管理中发挥重要作用。

（四）人才兴、组织强

基层组织作为乡村治理过程中的核心要素之一，优秀村干部在乡村振兴中的作用非同小可，重视加强组织建设，重视人的作用，发挥基层党组织的战斗堡垒作用，才能实现乡村振兴。

因此，深入研究农村人才的振兴路径、强调人才振兴的关键作用、实现人才振兴，是实现农村全面振兴的必由之路，我们要将人才强国战略作为强国第一战略，要建立健全人才体系，最终实现国家强盛、民族繁荣复兴。

（执笔人：余雨薇　赵丽　谭鑫）

第二讲　理论之讲

第一节　乡村人才振兴之内涵

一、人才

“人才”在汉语词典中的释义为：德才兼备的人，也指有某种特长的人。在后期的不断演进中，人才被赋予了更加丰富的定义。毛泽东曾对人才概念作出解释，把又红又专、德才兼备的人称为人才。十二大报告中，提出了“专门人才”一词，并明确了专门人才要为社会主义现代化建设事业服务的功能。此后，“专门人才”概念在人才工作实践中等同于人才概念[1]。在《国家中长期人才发展规划纲要 (2010—2020 年)》（以下简称《规划纲要》）中明确指出：“‘人才’是指具有一定专业知识或专门技能，进行创造性劳动，并对社会作出贡献的人，是人力资源中能力和素质较高的劳动者，是我国经济社会大作战的第一资源”。

综合来说，要深入理解人才的含义，首先要知道人才的属性，明确人才必须是具有体力与脑力的劳动者，并且具有某一领域的专业技能以进行创造性的劳动。其次，要明白人才的功能属性，明确人才的功能是积极向上的，是具有正向意义的，是必须能对社会作出实际贡献的。人才推动着社会发展，决定着科学技术的发展层次，是实现乡村振兴的关键性资源。

国内学者也对人才的概念进行了一定的探讨，王通讯[2]、叶忠海[3]、赵恒平[4]等人在其专著中对人才概念有所定义，总的来说可以归纳为三个特点：①专业素质；②贡献于社会；

① 胡鑫：《乡村振兴战略人才支撑体系建设研究》，博士学位论文，吉林大学马克思主义中国化研究专业，2021。

② 王通讯：《人才学通论》，天津人民出版社，1985，第 1-2 页。

③ 叶忠海：《人才学概论》，湖南人民出版社，1983，第 59 页。

④ 赵恒平、雷卫平：《人才学概论》，武汉理工大学出版社，2009，第 59 页。

③创造性劳动。而李维平认为，人才是具有专业的知识和能力以及能为社会创造价值的人，或者从经济学的角度来说，人才就是“通过学习与实践，以知识与能力的形式，积累了更多的人力资本，能够在同等劳动时间内，创造更多社会价值的劳动者”。①

二、乡村人才振兴

要理解乡村人才振兴，首先要明白乡村人才的概念，乡村人才是指在乡村各个发展领域中有一定专长的人，他们具有一定的致富带动能力，能够进行创造性的劳动，并且能为乡村发展作出一定贡献。

乡村人才振兴在“五个振兴”中处于关键位置。人才振兴是乡村振兴的落脚点。乡村人才振兴是乡村振兴的内生动力，为乡村振兴提供智力支撑。国家的发展要依靠人才，乡村的发展必然也离不开人才，乡村人才可以说是乡村劳动力的智力担当，他们能利用自身优势带动乡村走上致富之路，帮助乡村转移剩余劳动力；乡村人才也可以说是乡村振兴的支撑保障，他们能从乡村内部改变乡村的发展，调整乡村产业结构，促进三产融合，推进乡村发展特色产业，带动乡村经济发展，带领乡村农民提升他们的综合素质。因此，要实现乡村振兴，就必须加快人才的培养，推动乡村人才的振兴。

乡村人才振兴需要内、外部人才共同助力。内部人才即乡村本土人才，他们在乡村振兴中发挥基础性的作用；外部人才即农业科技、农业实用技术等人才，他们利用创新性的技术和农业相关技能助力乡村振兴。

第二节　乡村人才振兴之理论

一、人力资本理论

早在古希腊时期，柏拉图、亚里士多德等人就已经开始意识到人在整个社会地位中起着决定性的作用。当时古希腊思想家更多的是从社会功能角度论述教育和知识对人的价值，这里面就已经孕育着人力资本理论的萌芽。人力资本理论最早是在西方经济学中提出来的。在17世纪，亚当·斯密从社会经济角度研究人的价值问题，认为人与土地、资本一样，在社会

① 李维平：《对人才定义的理论思考》，《中国人才》2020年第12期。

中具有创造财富的重要经济价值。到18世纪，随着欧洲工业革命的发展和古典经济学的产生，经济学家威廉·配第等人开始重视人力资本并对人力资本进行研究，人力资本理论也随之萌发出来。1959年，西奥多·舒尔茨[①]发表了关于人力资本理论的第一篇论文《人力投资：一位经济学家的观点》，文中首次正式提出“人力资本”的概念，该文发表于美国《社会服务评论》杂志。1960年，舒尔茨在美国经济协会第73届年会上以会长身份作了题为“人力资本投资”的报告，系统地阐述了人力资本理论。他们认为人类的生产能力主要是由物质资本和人力资本共同影响的。物质资本指的是物质产品上的资本，包括厂房、土地、原材料等；而人力资本则是体现在人身上的资本，对生产者进行的教育、职业培训等支出及其在接受教育时的机会成本等的总和，表现为蕴含在人身上的各种生产知识、劳动与管理技能以及健康素质的存量总和。这种人力资本内化于一种能力和素质，是后天形成的个人能力，个人是无法出售自己的能力资本的，只能加以利用和转化。

二、人才管理理论

人才管理理论出现的时间并不长，且未形成完整的研究体系。对人才管理的重视最早能追溯到美国麦肯锡公司1997年所做的一项关于“人才战争”的调查。他们调查了不同行业的77个大型组织，以摸清组织怎样才能打赢“人才战争”。在调查的基础上，麦肯锡于1998年及2001年在《麦肯锡季刊》上发表了两篇文章《The War for Talent》及《The War to Talent》，介绍了他们调查的结果。尽管麦肯锡并未直接提出“人才管理”理念，但其对组织中的重要员工在组织中需要什么、组织如何留住这些人才所进行的深入分析，引起了人力资源管理学界对人才的重视，也催生了对人才管理的研究。因而，这可以看作“人才管理”理论的起源。

人才管理是在人力资源管理进入到战略人力资源管理阶段之后出现的新理念。进入21世纪，战略人力资源管理越来越受到理论界和实践界的追捧，组织的人力资源管理需要有战略的视角，而人才管理是在人力资源管理的战略视角上逐步得到重视的。人才管理是以组织中的人为核心，有效地整合了组织的各项管理功能和职责。具体来说，人才管理是针对某一类人甚至某一个人的需求规划、招聘与配置、培训、绩效考核、薪酬福利等的系统工程。人才管理倡导有区别的对待企业中的人并开始关注不同群体里个人的不同需求：哪些人需要关注、哪些人需要培养、哪些人需要重点培养，都是不一样的。

三、人才结构优化理论

早在春秋时期，我国著名政治学家管仲，以社会分工为标志，将人口划分为士、农、工、商四种类型，在古希腊和罗马也有关于人口阶级的划分，但由于当时科学技术水平的落后，

① 胡旸：《人力资本理论国内外研究发展综述》，《企业改革与管理》2021年第5期，第108-109页。

人口结构划分比较简单，大多数学者都把注意力集中在人口数量上。到了近代，一些学者才开始对人口经济和社会结构开展研究，并利用信息技术开展大规模的数据处理和数据汇总，由此产生了人口结构学，而人才结构优化理论是在人口结构学理论基础上得以发展的。

人才结构是指构成组织系统的各要素以及他们直接配置的组合，人才结构优化是指结合组织当下的发展战略和目标，掌握人才结构需求，实现发展战略和目标与人才结构的最优匹配，从而发挥人才的最大价值，以追求更高效率、更高质量地完成组织战略和目标①。

王通讯在结合了经济学的相关理论后提出，人才结构优化的最终目的，是要谋求配置效益、规模效益、边际效益。配置效益是指在人力资源配置的数量和质量相同的条件下，所属的区域或行业不同，所产生的经济价值也不尽相同。规模效益是指规模化生产与经济效益是成正比的，生产形式越规模化，产生的经济价值也越高。边际效益是指在相同的财力、物力条件下，初期人力资源的增加会带来经济效益相应地增加，但是当经济效益到达某一峰值后，继续增加人力资源，经济效益反而会下降，即边际效益递减。人才结构优化过程中要切记这三种效益，应该根据实际情况进行调整，才能实现人才和发展两者相互促进、和谐稳定，才能有效实现优化的目的。

第三节　乡村人才振兴之人才队伍分类

一、农业生产经营人才

农业生产经营人才，即农业生产中懂得经营和管理的人才。这类人才拥有一定的技术性知识、经营管理理念，能够通过自身所学，不断为乡村提供技术指导服务以及经营管理服务。这一类人在农村发展中起着带头作用，能高效调动农村可使用资源，推动经济发展。

（1）他们具有较强的综合发展能力，在如今的互联网时代，他们能利用现代科技，带领农村群众实现农村与城市的接轨，实现农村产业的线上发展，扩大销售渠道。

（2）他们具有较强的群众号召力，能号召农村群众脚踏实地进行生产经营，能够换位思考且明事理，有相当的责任心和耐心，得到群众的支持。

---

① 王天晓：《智慧水文视角下内蒙古自治区水文人才结构优化研究》，硕士学位论文，内蒙古大学地球物理学系，2021。

（3）同时，他们还具有较强的知识传达能力，能够有效地将专业知识和技术传授于农民群众，能灵活变通处理各种经营性难题，会不断学习实现自我提升，跟上时代发展的步伐。

在推进乡村振兴的背景下，只有着力培养高素质农业生产经营人才，才能有效遏制农村经济发展滞后的现象，从而增强农村经济发展的可持续性。

二、农村二、三产业发展人才

农村二、三产业发展人才，即能推动农村二、三产业发展，改善农村产业发展环境的人才，包括农村电商人才、乡村工匠、农村创新创业人才等。农村二、三产业发展人才不仅要推动农村二、三产业的发展，还要做到使两者融合发展，要以农村资源为依托，在做好做强二、三产业的同时，将产业留在乡村，将农业产业的增值收益与就业岗位留给乡村农民。

（1）电子商务人才，是既掌握现代信息技术，又通晓现代商务贸易理论与事务的一种复合型人才，培养农村电商人才是构建现代农业产业体系、经营体系和生产体系的必要环节，有助于提高农村数字化水平，提升农村电子商务化程度。

（2）乡村工匠，是乡村传统技艺的弘扬者和继承者，在输出当地文化的同时，打造当地特色品牌。他们能指导特色产业发展和创办当地特色企业，引领乡村特色手工业的发展。

（3）农业创新创业人才，即农村创业创新带头人，他们能改善农村创业创新的环境，引导金融机构开发农村创业创新金融产品和服务方式，实现乡村企业的壮大。

三、乡村公共服务人才

了解乡村公共服务人才，首先要理解什么是乡村公共服务。乡村公共服务主要包括乡村公共卫生医疗服务、乡村公共文化服务、乡村公共交通服务和乡村社会管理服务等，公共服务项目包括医疗卫生、基本教育、就业服务和养老服务等。当前，中国乡村与城市公务服务差距大，要实现乡村振兴必然要加快乡村公共服务人才的培养。

乡村公共服务人才主要包括从事乡村医疗、教育，乡村建设、旅游与文化等方面的人才。

（1）在医疗方面，乡村卫生健康人才对乡村整体医疗水平和卫生条件的提升起着至关重要的作用，是改善乡村医疗的关键。医疗卫生是与人关系最为密切的工作，乡村医疗卫生的发展程度直接关系着乡村居民的身体健康，加强乡村医疗队伍建设能够提升乡村医疗保障水平，能有效提升群众的就医质量。

（2）在教育方面，乡村教师是提高乡村文化素质的关键力量。强化乡村教师人才培养，有助于推动教育公平，促进农村教育发展。因此，必须强化乡村教师队伍建设，努力打造一支热爱乡村、数量充足、素质优良、充满活力的乡村教师队伍。

（3）在乡村建设方面，乡村规划建设人才能通过特色景观的制作、人文风貌的引导以及村庄的规划等方式塑造出乡村特色风貌。

（4）在旅游与文化方面，乡村旅游文化人才能够利用本地的旅游文化资源，打造相应的旅游文化产业，推进旅游文化方面的建设，开展乡村旅游文化宣传，保护文化旅游资源。

四、乡村治理人才

乡村治理人才是乡村振兴战略的实践者和推动者，他们在乡村治理中扮演着十分重要的角色。乡村治理人才主要包括乡镇党政人才、农村社会工作人才、农村经营管理人才以及农村法律人才等。他们是基层的“细胞”，是基层建设的“一线力量”。乡村治理人才队伍建设直接关系到乡村振兴战略的实施效果。全面推进乡村振兴，离不开乡村治理人才。

乡村治理人才必须具有较高的执行能力、号召力、与时俱进的思想以及较强的责任心，对于乡村治理问题能够及时给出应对策略，并且能够带动村民积极参与。同时，乡村治理人才需要不断提升自身文化素质，了解先进的观念，不断适应现代农业发展的要求，充分利用自身人脉优势、信息优势和资源优势，在农村社会经济发展过程中发挥积极作用。

（1）乡镇党政人才：能及时落实相应政策、有较高的思想道德素质、协调能力强、公平公正，热心服务群众。

（2）农村社会工作人才：进行农业技术推广，提供各类服务，通过促进乡镇企业的发展提升相关农村社会福利。

（3）农村经营管理人才：能够利用现代化管理知识，强化自身经营管理，将土地、资本、技术等生产要素组织起来，为农村居民提供社会产品与生产经营管理服务。

（4）农村法律人才：能够利用相应的方式宣传法治精神，增强村民的法律意识，加强法律在村民心中的地位。

五、农业农村科技人才

农业农村科技人才是具有较高学历和较强专业技能的农业发展人才，他们也是农业从业人员的一部分，农村人才结构的优化需要更多有专业能力的农业农村科技人才。产业振兴离不开农业农村科技人员的支持，大力发展农业农村科技人才是推动传统农业转型升级的现实需要。

农业农村科技人才包括农业农村科技创新人才、农业农村科技推广人才等。

（1）科技创新人才：能针对不同地区的乡村发展问题提出针对性的解决方案，利用自身在农村治理、农业现代化建设等方面的独到见解为乡村社会的发展寻找新出路，运用有限的扶持资金研发出先进的研究成果。

（2）科技推广人才：通过农业生产传授相关农业技能，在提升农业生产率的同时减少农民负担，在日常的农业技术推广和知识传授过程中能逐渐优化农村从业者的思维模式，开阔他们的思想，提升接受新事物的能力，调动农民学习技术、参与生产的积极性。

（3）农业农村科技人才：具有很强的学科运用能力，能迅速地接受新知识并投入到实践中，能快速掌握市场需求、农业政策、专业技术，将相关专业知识运用到农业种植、生产、加工和销售环节中。

总的来说，农业农村科技人才是推广转化农业科技成果、开展农业生产服务的“常规军”，这支队伍强不强，直接关系到农业增效、农民增收，关系到乡村振兴战略的实施。

（执笔人：杨玉霞　张晋豪　赵丽　谭鑫）

第三讲　政策之讲

第一节　乡村人才振兴之国家政策

一、《国家乡村振兴战略规划（2018—2022 年）》（以下简称《规划》）人才振兴解读

（一）《规划》之人才振兴出台的背景和意义

实施乡村振兴战略，是解决新时代我国社会主要矛盾、实现“两个一百年”奋斗目标和中华民族伟大复兴中国梦的必然要求；是决胜全面建成小康社会、全面建设社会主义现代化国家的重大历史任务；是新时代做好“三农”工作的总抓手。

新发展时期，实施乡村振兴战略是我国社会主义现代化建设的关键目标之一，而乡村振兴的核心要素在于人才振兴。2014 年，习近平总书记同北京师范大学师生代表座谈时发表重要讲话提出，当今世界的综合竞争，说到底是人才竞争，人才越来越成为推动经济社会发展的战略性资源……在农村发展建设过程中，人才发挥了巨大的作用，是乡村振兴的关键一环，是乡村振兴的基础。在脱贫攻坚时期，农村各类人才为农村经济社会的发展提供了助力，为脱贫攻坚的顺利实现作出了贡献。

虽然现阶段我国已全面完成了脱贫攻坚，开启全面乡村振兴，但在我国农村社会中，人才仍面临着诸多问题。例如，人才总量不足、人才质量不高、人才队伍建设落后、部分人才思想观念滞后、人才结构不合理等。这些问题都严重影响着新发展阶段农村建设的发展。制订印发《规划》，推进乡村人才振兴，建立一支数量大、质量高、结构合理的乡村人才队伍，既是乡村振兴战略实现的保障，也是推进社会主义现代化进程的需要。

《规划》以习近平总书记关于“三农”工作的重要论述为指导，贯彻党的十九大和十九届历次会议精神，其中，人才振兴部分的规划对于实现乡村振兴具有深远意义：

（1）突出显示人的现代化是乡村振兴以及农业农村现代化的本质和关键所在。

（2）人才振兴为产业振兴提供了劳动力和人力资本保障。

（3）人才振兴为文化振兴提供了组织者以及工作对象。

（4）人才振兴为生态振兴提供建设者和生态产品供给者。

（5）人才振兴为组织振兴提供各类基层组织人才。

综上可以看出，乡村振兴归根结底需要人才去开展、去推动，解决人才问题是全面推进乡村振兴的关键所在，是农业农村现代化实现的要点所在。

（二）《规划》之人才振兴的具体措施

《规划》中提出坚持改革创新、激发活力。以科技创新引领和支撑乡村振兴，以人才汇聚保障乡村振兴，增强农业农村自我发展动力，强调人在乡村振兴中的重要作用。在具体内容中，阐明了强化乡村人才支撑要实行更加积极、更加开放、更加有效的人才政策，推动乡村人才振兴，让各类人才在乡村大施所能、大展才华、大显身手。

1. 培育新型职业农民

要培育新型职业农民，培养新一代爱农业、懂技术、善经营的新型职业农民。新型职业农民是一个具有稳定性的职业群体，他们懂技术、擅经营、有理想、能奋斗，在追求市场利益最大化的同时兼具强烈的社会责任感，同其他行业劳动者一样享有职业保障权利，是能适应现代农业发展需要的新农人。

新型职业农民与传统农民有所区别：

传统农民是指长期居住、生活在农村，依托土地等生产要素从事从业生产活动的劳动者，一般符合以下特征：①具有一定量的生产性耕地；②经济来源主要是从事农业生产的收入；③具有农村户口，长期居住在农村；④大部分时间从事劳动生产活动[①]。

而新型职业农民是一群有较高文化素质，拥有专业的职业技能，具有强烈的社会责任感和时代观念，主要是以农业为主要职业，以农业经营收入为主要收入来源，具有现代化经营理念，且有着灵活和开放思想的现代农业从业者，主要包括生产经营型、专业技能型和社会服务型职业农民。

新型职业农民不同于普通的农民，传统的农民更多的是一种“身份”，而新型职业农民更强调“职业”特征和其社会地位的特点，侧重于经济学意义，明确特定农民身份特征[②]。

《规划》中提出的培育新型职业农民的具体措施：

（1）全面建立职业农民制度，培养新型职业农民，优化农业从业者结构。农民作为农业发展的主体，是农业现代化的主力军。我国要建成现代化强国，必须要实现农业现代化。

---

① 朱启臻：《新型职业农民与家庭农场》，《中国农业大学学报（社会科学版）》2013 年第 2 期，第 157-159 页。

② 胡钦杰：《云南新型职业农民培育政策研究》，硕士学位论文，云南大学成人教育与特殊教育学系，2016。

当前，我国农业从业人员整体素质偏低，农业从业人员整体年龄偏大，加之大部分农业从业者不善经营，农业技术掌握程度不熟练，导致农业现代化发展进程缓慢。而新型职业农民是一群具有文化基础、具备现代经营管理能力和现代农业技术的农业生产经营者。因此，在培养新型职业农民的进程中，要建立健全职业农民教育培训、认定管理和政策扶持制度，营造职业农民良好的发展环境，加快我国农业现代化的进程。新型职业农民培育工程是实现农民现代化的关键，壮大新型职业农民队伍必须要完善和创新新型职业农民培育工程。当前，我国农村青壮年劳动力向城镇的转移，导致农业发展缺乏相关人才。同时，乡村现有农业人才存在老龄化趋势、农业素质不够高等问题。而实施新型职业农民培育工程，不仅能够提高现有农业人才的农业素质，还能吸引大量进城务工人员回乡再就业，为乡村人才注入新活力。因此，加快乡村新型职业农民队伍建设，为新型职业农民队伍注入新活力，必须坚持完善和创新实施新型职业农民培育工程。

（2）创新培训组织形式，探索田间课堂、网络教室等培训方式。培育新型职业农民要不断创新教育方式，实现培育高效高质。

当前，农村基础设施的缺失限制了新型职业农民的培育方式，影响乡村农业发展进程。加快农业发展进程，快速提高农业人才自身素质是关键。因此，乡村必须不断创新培训组织形式，探索产学研相结合的教育模式，实现农业人才培育的高质高效，达到培育新型职业农民的目的。

（3）引导符合条件的新型职业农民参加城镇职工养老、医疗等社会保障制度，提高社会福利待遇，并鼓励各地开展职业农民职称评定试点。培育新型职业农民要注重人才社会福利待遇的提升。由于城乡二元化导致城乡发展差距较大，农村社会福利待遇远不足城镇，导致大量人才流失。因此，为留住人才，培育新型职业农民必须提高社会福利待遇，吸引更多的人才加入这个队伍。同时，要增加职业农民职称评定的试点，提高职业农民的社会认可度，提升其内在价值。还要引导新型职业农民积极参与各种社会保险，让其享受到应有的社会福利，吸引更多的人才加入新型职业农民队伍之中，不断壮大人才队伍。

2. 加强农村专业人才队伍建设

要加强农村专业人才队伍建设，特别是加强“三农”领域实用专业人才队伍的建设。农村专业人才队伍，可以理解为各类依靠技能直接或间接促进农业生产、农村发展与农民增收的农业人才，其分布在各个领域、各个行业，他们是乡村振兴战略人才支撑体系中的中坚力量，具体可以分为技能型专业人才、生产经营性专业人才以及社会服务型技能专业人才。还可以理解为通过学习农业专业知识后获取相关农业领域技能证书、具备相关农业专业技术和能力的新农人，具体包括农村医生、农村教师、农村律师、农村职业经理人。依据《规划》中对农村专业人才队伍建设的说明，可将乡村专业人才归纳为在基层政府工作的各类专业治理人才、镇村企业经营管理人才、在农业领域表现突出的各类技能人才、农村从事民间艺术的各类文化工作者以及各类实用型人才等。

对于农村专业人才队伍,《规划》明确提出要加强农村专业人才队伍建设,其具体措施如下:

（1）加大“三农”领域实用专业人才培育力度，提高农村专业人才服务保障能力。农村实用人才是指具有一定的知识或技能，为农村经济和科技、教育、卫生、文化等各项社会事业发展提供服务、作出贡献，起到示范或带动作用的农村劳动者，是我国人才队伍的重要组成部分。加大农村实用人才培育力度，有利于建设并稳定一支适应新农村建设需要的实用人才队伍，能推动农村发展。

因此，需要从农村实际出发，加大培育力度：①组织农村实用专业人才培育工程，增加实用专业人才总量，调整实用专业人才结构，提升农村实用人才能力；②积极开展农村实用专业人才相关专业技能培训和技术指导，开展技能交流，提高其技能水平和能力，以此提高农村实用专业人才服务保障能力。

（2）加强农技推广人才队伍建设，探索公益性和经营性农技推广融合发展机制，允许农技人员通过提供增值服务合理取酬，全面实施农技推广服务特聘计划。我国是农业大国，农业的高质量发展是我国推进农业农村现代化的一个重要方面，而这其中农业技术推广对于我国的农业现代化建设具有重要意义，农技推广人才更是举足轻重，不容忽视。但是，现阶段我国的农技推广队伍还存在着队伍结构不合理、管理运行机制不健全、农技人员培育体系不完善等问题，制约了我国农技推广，影响了农业现代化发展。因此，为切实推进我国实现农业现代化发展，要牢固树立“人才是第一资源”的观念，加强农技推广人才队伍建设。

（3）加强涉农院校和学科专业建设，大力培育农业科技、科普人才，深入实施农业科研杰出人才计划和杰出青年农业科学家项目，深化农业系列职称制度改革。涉农院校为乡村振兴提供了智力支持服务，是推进乡村振兴战略实现的重要助力之一。

新发展时期，国家加大对农业农村的建设力度，涉农院校及其学科专业建设为农业农村现代化的实现培育了农业科技、科普人才，增强了中国式农业农村现代化发展的支撑引领作用。因此，要不断加强涉农院校和学科专业的建设力度，促进乡村振兴。

3. 鼓励社会人才投身乡村建设

《规划》提出要鼓励社会人才投身乡村建设。鼓励社会人才投身乡村建设，要建立健全激励机制，研究制定完善相关政策措施和管理办法来积极鼓励社会人才投身乡村建设。

社会人才是对除机关、国有企业、事业单位之外的人才的统称,他们具有过人的才干和能力,在自己专长方面有远见卓识，有着较强的分析和判断能力。包括企业家、专家学者、医生教师、规划师、建筑师、律师等技能人才。社会人才涉及农村社会各方面，乡村振兴单靠农业人才是远远不够的，需要社会上各种职业的人才参与。他们涉及法律、财务、医疗、市场、教育等各个方面。一方面，他们能改善乡村生活、社会、经济环境，提高农村的文化素质水平，稳定农村和谐发展，改善农村居民的生活条件。另一方面，社会专业人才对于优化农村产业结构，促进农村产业发展，提高农村经济发展水平，增加农村居民收入水平有重要意义。

具体措施：

（1）要建立健全激励机制，研究制定完善相关政策措施和管理办法，鼓励社会人才投身乡村建设。基于农村社会“空心化”、人才外流等现状分析，农村社会经济基础以及薪酬等并不足以吸引相关人才，农村缺乏相应人才。因此，研究制定相应的激励机制，鼓励支持人才回流，为人才“引留”创造出良好的政策环境，是当下各地政府在乡村振兴过程中应该充分考虑的。

（2）以乡情乡愁为纽带，引导支持农村专业人才通过各种途径、方法服务乡村振兴。乡情乡愁是连接专业人才和农村社会的桥梁。以乡情乡愁为引导，更多的是从专业人才的家国情怀心理出发，为想为家乡作贡献而有没有合适途径的专业人才提供新的方向途径。

（3）落实和完善各类扶持政策，引导工商资本积极投入乡村振兴事业。一个地区的发展离不开工商资本的参与，从我国的城乡发展进程来看，城市的工商资本远大于农村，扶持政策相较于农村地区来说也较全。好的企业大多都在城市，而农村地区的工商资本往往是小而分散的，对于经济的带动能力较低。因此，推进农村地区乡村振兴，吸引工商资本进驻是关键一环。农村地区只有完善相应的扶持政策，才更有可能引进工商资本。

（4）继续实施“三区”人才支持、大学生村官、三支一扶、高校毕业生基层成长等计划。云南省部分地区作为边远地区、边疆民族地区及革命老区，其发展相对云南省其他地方来说较滞后，人民生活水平较低，缺少农村专业人才带领发展。针对云南省自身发展实际提出的人才支持计划能够在一定程度上缓解农村地区的人才压力，为农村地区注入新鲜活力。

（5）建立人才培养合作交流机制。这主要是从云南省人才自身的局限性上考虑的，部分专业人才虽然有致富能力，但是缺少专业知识支撑，在问题的思考上往往存在不全面等问题。建立校企人才培养合作机制，能够提升专业人才的专业知识素养，从而扩展人才的发展思路，为农村发展出谋划策。而有些农村地区专业人才缺少的是发展资源，搭建城乡之间的合作交流机制，能够拓宽其资源面，为其发展拓宽道路，这些都是需要通过政府部门“穿针引线”来实现的，能在一定程度上为专业人才的发展带来积极效应。

（6）全面建立城市医生、教师、科技文化人员等定期服务乡村机制。城乡医疗资源、文化资源差距是乡村人才外流的重要原因之一，随着我国经济社会的发展，越来越多的人更加注重自身健康水平和生活质量。但是，受地理条件的影响，多数城乡医疗、文化、人才等资源要素差距较大。要改善农村面临的现状，就要在一定程度上推进城市医疗、文化反哺农村，促进人才之间的交流，为农村群众提供更好的服务。

二、《中华人民共和国乡村振兴促进法》（以下简称《促进法》）人才振兴解读

（一）《促进法》制定的背景和意义

党的十九大以来，党中央针对“三农”问题制定了一系列政策方针，发布中央一号文件和乡村振兴规划战略，并召开了全国农业农村会议，诸多举措表明党中央把推进农业农村现代化摆到现代化建设更为重要的位置。2018 年，中央一号文件提出抓紧制定乡村振兴法，2021 年 6 月 1 日，《促进法》开始实施，新法颁布使得乡村振兴进入全新时代。而与农村相

关的法律，在此之前也有很多，如《中华人民共和国农业法》《中华人民共和国农村土地承包法》《中华人民共和国土地管理法》《中华人民共和国村民委员会组织法》等多部涉农法律，但是缺少促进乡村振兴的专门集中统一规定的法律。在此背景下，党和国家综合考虑各方因素制定了《促进法》。《促进法》以“促进”为主要落脚点，重点在各种扶持政策上，同时也对实际开展基层治理活动中的一系列行为作了限制性规定，是和农民联系非常紧密的法律。

《促进法》的出台具有重要意义：是第一部以乡村振兴命名的法律，全面规定了乡村五大振兴的一系列权利和义务，同时明确了相关的扶持措施和监督检查制度。也是全面实施乡村振兴战略的综合性、基础性文件，是贯彻党中央重要决策部署的重要体现，是保障乡村战略全面实施的重要举措，是新发展阶段推进乡村振兴战略的重要法治依据，是党管农村这一主要原则转化为法律原则和具体制度的具体表现。在乡村振兴推进的过程中，《促进法》建立了相应的考核评价制度、工作年度报告制度以及监督检查制度，明确基层人员的工作目标。《促进法》的制定进一步健全了乡村振兴制度体系，丰富了新时代中国特色社会主义的理论成果，也为走出一条具有中国特色社会主义的乡村振兴道路夯实了法律基础，有助于推进乡村振兴战略全面实施，促进农业全面升级、农村全面进步、农民全面发展，对于加快农业农村现代化具有重要的意义。总体而言，《促进法》的出台意味着关于乡村振兴重大战略的政策部署进入法治化的轨道。

（二）《促进法》关于人才支撑部分的总体要求

长期以来，中国农村人才流失严重，导致乡村人才的整体发展水平与乡村振兴要求还存在较大的差距，农村人才呈现总量不足、结构不优、质量不高的特征①，人才支撑就是要吸引更多的人才加入乡村振兴的建设队伍中。

《促进法》中关于人才支撑提出的要求是“国家健全乡村人才工作体制机制，采取措施鼓励和支持社会各方面提供教育培训、技术支持、创业指导等服务，培养本土人才，引导城市人才下乡，推动专业人才服务乡村，促进农业农村人才队伍建设”。从这个点出发可以看出其同《国家乡村振兴战略规划（2018—2022 年）》有异曲同工之妙，虽然在表达上有所不同，但是内在机理都是一样的。只是在《促进法》中更注重对人才的教育培育，总共五条措施，其中三条是关于教育培育，这主要是从现阶段农村发展需求出发提出的。乡村要发展，人才是核心，没有充足的人才支撑，乡村发展难以为继。

（三）《促进法》中人才支撑的主要内容和具体措施

1. 加强农村人才队伍建设

（1）采取措施鼓励和支持社会各方面提供教育培训、技术支持、创业指导等服务，培养本土人才，引导城市人才下乡，壮大农村人才队伍。

① 宁常郁、谭爵玺、罗觉珉、生忠军、仇运前：《吸引人才建功乡村振兴》，《当代广西》2021 年第 9 期，第 50 页。

（2）加强乡村教育队伍建设，加大乡村教师培养力度，保障和改善乡村教师待遇，提高乡村教师教学质量；加强乡村医疗卫生队伍建设，支持县乡村医疗卫生人员参加培训、进修，鼓励医学院校毕业生到乡村工作；采取措施培育农业科技人才、经营管理人才、法律服务人才、社会工作人才，加强乡村文化人才队伍建设，培育乡村文化骨干力量。培养高素质农民和农村实用人才、创新创业带头人。

（3）加大农村专业人才培养力度，鼓励高等学校、职业学校毕业生到农村就业创业。

（4）鼓励城市人才向乡村流动，建立健全城乡、区域、校地之间人才培养合作与交流机制。

2. 具体措施

（1）强化乡村人才队伍建设。

①对于乡村教育人才队伍，各级人民政府应当强化农村教育工作统筹安排，改善农村办学条件，完善相应的硬件设施和软件设施，提升农村地区的基础教育质量。加大力度培育乡村教师，以免费师范生等方式吸引人才到乡村任教，对于长期在乡村的一线教师给予职称评定方面的优待。同时改善乡村教师的待遇，有计划地提升乡村教师的学历水平和整体素质。

②对于乡村医疗卫生队伍，各级人民政府要采取措施加强乡村医疗队伍建设，加大力度支持乡村医疗卫生人员参与相关培训，提升其业务能力。对于乡村医疗卫生人员给予一定的优待，完善相关措施，鼓励支持高素质医疗人才在乡村就职，支持专业技能强的医师参与乡村医疗建设。同时还应该对相关的农业科技人才、经营管理人才、法律服务人才、社会工作人才、文化服务人才等加大教育培训力度，完善培育措施，促进乡村人才队伍建设。

（2）各级人民政府应在职业教育和继续教育方面加大力度，积极采取措施组织开展农业技能培训、返乡创业就业培训和职业技能培训。通过对农村专业人才开展职业和继续教育，提升专业人才职业技能和专业素养，激活乡村内生发展动力。完善相应教育措施，有针对性地培养有文化、懂技术、善经营、会管理的高素质农民和农村实用人才、创新创业带头人。

（3）县级以上人民政府及其教育行政部门应当指导、支持高等学校、职业学校设置涉农相关专业，加大农村专业人才培养力度，鼓励高等学校、职业学校毕业生到农村就业创业。乡村振兴重点是农村各方面的振兴，所需的人才是多方面、多层次的。现阶段，乡村振兴需要大量农业发展人才，还需要大量针对农民的教育培训人才，以及农村建设人才。综上，各地县级政府部门及教育部门应鼓励支持开设相关涉农专业，并且加大对涉农专业人才的培养力度。涉农专业人才需要具备的技能不是单一的，需要涉农人才掌握多方面的知识和技能，可以说是全面的、综合的。

（4）鼓励城市人才向乡村流动，建立健全城乡、区域、校企之间人才培养合作与交流机制。

人才流动是缩小城乡差距的重要一点。随着经济的发展，城乡差距随之增大，更多的人才进入城市，乡村人才流失严重。现有乡村人才专业技能都在一定程度上有所缺乏。强化城乡、区域、校企之间人才培养合作和交流，在一定程度上能促进人才流动，为乡村带去先进的知识和技能，盘活乡村活力。县级以上人民政府应当建立鼓励各类人才参与乡村建设的激励机制，搭建社会工作和乡村建设志愿服务平台，支持和引导各类人才通过多种方式服务乡村、振兴乡村。

乡村建设离不开人才支持，但是现阶段人才参与乡村建设有限。政府部门要充分发挥自身的引领作用，建立健全激励机制，鼓励人才，为人才参与搭建相应平台，让人才通过多种方式参与乡村建设。乡镇人民政府和村民委员会、农村集体经济组织应当为返乡入乡人员和各类人才提供必要的生产生活服务。农村集体经济组织可以根据实际情况提供相关的福利待遇。“引留”人才不仅仅是政府部门的责任，相关的农村组织也应该充分发挥自身作用，为人才“引流”、人才发展创造良好的社会条件。其中，村民委员会和农村集体经济组织是乡村治理过程中最重要的两个组织，更应该充分发挥自身作用，完善返乡人才福利待遇，做好人才保障工作。

（四）《促进法》中推动乡村医疗卫生队伍建设的措施

乡村医疗卫生队伍建设是乡村人才队伍建设的关键组成部分，而乡村医生是我国乡村医疗队伍的重要组成部分，是最贴近农村居民健康的“守护者”，是发展农村医疗事业的中坚力量。自 1985 年起，农村“赤脚医生”队伍逐步转变成乡村医生。

现阶段，乡村医生主要是指获得相关医师资格证，具有相应能力，在农村医疗卫生机构从事相关工作的医疗工作者。进一步加强乡村医疗卫生队伍建设，对于筑牢完善乡村医疗卫生服务网络体系有重要的现实意义。2015 年，国务院办公厅发布《进一步加强乡村医生队伍建设的实施意见》，强调加强乡村医生队伍建设的重要性，把乡村医生队伍建设提到了新高度。《促进法》中再一次强调各级人民政府要采取措施加强医疗卫生队伍建设。可见乡村医生队伍建设问题的紧迫性。

1. 目前，我国乡村医疗卫生队伍的整体状况

（1）乡村医生年龄老化断层严重，且数量有限。尽管国家制定了一系列鼓励政策激励青年医生回乡就业，但是效果不明显，农村“老医生、土医生”的现象依然突出。加之农村卫生所分布不均，有些乡村卫生所甚至是“空白村”，卫生所数量不够，乡村医生难以发挥作用。

（2）医疗队伍人员能力有限。乡村医疗队伍综合能力不平均，很多乡村医生没有相应的职业资格证书，仅靠传统的就医经验难以适应现代医疗发展的需要。

（3）乡村医生基本保障不足。目前，乡村医生没有实现编制全覆盖，大多数乡村医生仍然是“编外人员”，基本保障不到位，还面临更多的行医风险。乡村医生作为基层医疗保障系统网络的“神经末梢”，基本保障不足影响其服务效能的发挥。

（4）乡村医疗卫生队伍后备力量不足。由于乡村条件差、待遇低，人员补充困难，特别是医学院毕业的大学生不愿意到乡村行医，造成村医队伍年龄老化，年龄结构不合理。同时还存在很多村卫生室找不到、留不住人的现状，医疗卫生队伍后备储备力量不足。

基于此，《促进法》中针对乡村医疗卫生队伍建设提出，各级人民政府应当采取措施加强乡村医疗卫生队伍建设，支持县乡村医疗卫生人员参加培训、进修，建立县乡村上下贯通

的职业发展机制。对在乡村工作的医疗卫生人员实行优惠待遇，支持医师到乡村医疗卫生机构执业、开办乡村诊所、普及医疗卫生知识，提高乡村医疗卫生服务能力，提升农村医疗水平。

2.《促进法》提出的具体措施

（1）要在政策上“做文章”。完善乡村医生回村就业保障政策，营造良好的乡村医生回村就业环境，让乡村医生“留”下来。

（2）在能力上“下功夫”。建立健全乡村医生职业培训体系，做到乡村医生队伍岗位与能力相匹配，做好相应职业培训工作，提升医疗服务质量。同时做好乡村医生青年队伍思想工作，让他们为乡村振兴贡献力量。

（3）在投入上“求突破”。加强乡村医疗卫生队伍待遇保障力度，提高乡村医生工资待遇，适当提高相应补助经费，落实职工基本养老保险。

（五）实现《促进法》中人才振兴的措施

相关部门应该认真履行法定职责，切实做好法律的贯彻落实，为全面推进乡村人才振兴提供法治保障。

1. 加强学习宣传，强化法治思维

政府以及相关部门要积极做好法律的宣传实施、辅导解读工作，指导和帮助各地广大农村干部群众、各类主体准确理解把握法律相关规定。《促进法》中乡村人才建设以法律的形式确定，相关部门要以法律公布实施为契机，通过乡村振兴专题的相关活动加大宣传力度，在全社会营造依法推进乡村全面振兴的良好氛围。

2. 强化制度配套，落细落实任务

政府及相关部门应该依照法律规定的职能职责，结合制订农业农村发展“十四五”规划，加强政策顶层设计，建立健全配套制度。同时积极配合立法机关制定人才引进、人才培育以及人才激励等相关法律、行政法规。指导地方加快有关农业农村人才建设方面的特色立法，因地制宜配套制定人才振兴方面的地方性法规、规章，将法律确定的重要原则和制度要求等转化为可操作、能考核、能落地的制度措施。

3. 加强统筹协调，形成促进合力

各级政府应当建立人才振兴考核评价制度、工作年度报告制度和监督检查制度，推动建立客观反映乡村振兴进展的指标和统计体系。同时，法律赋予农业农村部统筹协调、宏观指导和监督检查农业农村人才队伍建设促进工作的法定职责。为此，各级政府及有关部门要协作配合，建立健全人才振兴工作体制。

三、《关于加快推进乡村人才振兴的意见》（以下简称《意见》）解读

（一）《意见》出台的背景及意义

乡村振兴，人才是关键因素。随着城镇化的推进，乡村“空心化”日益严重，乡村中青年、优质人才持续外流，在整个乡村人才体系中人才总体数量不足、优质人才稀缺、人才结构严

重失衡、农民素质普遍偏低、年龄断层严重等问题较为突出，乡村人才总体发展水平与乡村振兴的要求之间还存在较大差距。目前，随着我国乡村振兴战略的不断推进，农村社会也在不断变革，乡村人才供求矛盾将更加凸显，人才问题亟待解决。制定印发《意见》，是全面推进乡村振兴战略加快农业农村现代化的体现，培养造就一支懂农业、爱农村、爱农民的“三农”工作队伍，既是中央部署的工作要求，也是基层实践的现实需要。

《意见》以习近平新时代中国特色社会主义思想为指导，全面贯彻全国农业农村会议精神，对加快乡村振兴中人才振兴要求作出的系统部署，具有重要意义：

（1）有助于运用系统观念强化人才振兴思想。

（2）有助于凝聚形成乡村人才振兴工作合力。

（3）有助于夯实乡村振兴人才支撑基础。

（二）《意见》的总体要求

《意见》明确提出人才振兴在指导思想、目标任务、工作原则上的总体要求。

1. 在指导思想上

要以习近平新时代中国特色社会主义思想为指导，全面贯彻党的十九大和十九届历次会议精神，坚持和加强党对乡村人才工作的全面领导，坚持农业农村优先发展，坚持把乡村人力资本开发放在首要位置，大力培养本土人才，引导城市人才下乡，推动专业人才服务乡村，吸引各类人才在乡村振兴中建功立业。健全乡村人才工作体制机制，强化人才振兴保障措施，培养造就一支懂农业、爱农村、爱农民的“三农”工作队伍，为全面推进乡村振兴、加快农业农村现代化提供有力的人才支撑。

2. 在目标任务上

《意见》提出，到 2025 年，乡村人才振兴制度框架和政策体系基本形成，乡村振兴各领域人才规模不断壮大、素质稳步提升、结构持续优化，各类人才支持服务乡村格局基本形成，乡村人才初步满足实施乡村振兴战略基本需要。

3. 在工作原则上

始终贯彻党管人才的基本原则，加强党对乡村人才工作的全面领导。全面培养各类乡村人才，增加人才总量、提高乡村人才质量、优化乡村人才结构，坚持全面培养、分类施策。完善相应机制措施，激励社会多类主体坚持多元主体、分工配合，广招英才、高效用才，发挥自身优势，参与人才培育。完善人才“引留”过程中的相关激励机制、强化保障，吸引人才。

（三）《意见》需要加快培育的人才有哪些

乡村人才类型多样、构成复杂。《意见》坚持问题导向，针对基层实践的需要，突出重点，强调加快培养农业生产经营人才，农村二、三产业发展人才，乡村公共服务人才，乡村治理人才，农业农村科技人才五类人才：

（1）农业生产经营人才，包括高素质农民队伍、家庭农场经营者与农民合作社带头人。

（2）农村二、三产业发展人才，包括农村创业创新带头人、农村电商人才培育、乡村工匠、外出农民工劳务输出者。

（3）乡村公共服务人才，包括乡村教师队伍、乡村卫生健康人才队伍、乡村文化旅游体育人才队伍、乡村规划建设人才队伍。

（4）乡村治理人才，包括乡镇党政人才队伍、村党组织带头人队伍、大学生干部、农村社会工作人才队伍、农村经营管理人才队伍、农村法律人才队伍。

（5）农业农村科技人才，包括农业农村高科技领军人才、农业农村科技创新人才、农业农村科技推广人才、科技特派员队伍等。

（四）《意见》对五类乡村人才的具体措施

1. 加快培养农业生产经营人才

农业生产经营人才包括高素质职业农民、新型经营主体带头人、农村实用人才等。目前，从事乡村农业生产的人员年龄偏大，对于科技农业、智慧农业等现代农业知识相关了解较为缺乏。同时，部分农户对现代化的生产经营模式不太了解，出现农产品滞销的现象。而农业生产经营人才是懂技术、善钻研、有知识、肯吃苦的人才，是农业产业发展的关键，是加快农业产业形成规模经济的核心动力。因此，要想实现乡村农业经济的快速发展，带动农民增收，必须加快培养农业生产经营人才。

《意见》提出，加快培养农业生产经营人才要从两个方面入手：

（1）培养高素质农民队伍。高素质农民队伍是中国实现农业现代的关键，是提升我国农业在国际上的竞争力的核心动力。因此，要深入实施现代农民培育计划，结合当地优势特色产业，重点面向从事适度规模经营的农民，分层分类开展全产业链培训，加强训后技术指导和跟踪服务，支持创办领办新型农业经营主体。充分利用现有网络教育资源，推进线上线下融合培训，加强农民在线教育培训，不断提高学员综合素质、提升生产技能、助推农业农村发展。同时，实施农村实用人才培养计划，加强培训基地建设，培养造就一批能够引领一方、带动一片的农村实用人才带头人。

（2）突出抓好家庭农场经营者、农民合作社带头人培育。要深入推进家庭农场经营者培养，完善项目支持、生产指导、质量管理、对接市场等服务。加强农业产业化龙头企业人才经营管理能力培训，完善乡村企业家培训体系和涉农企业人才激励机制，加强乡村企业家合法权益保护。建立农民合作社带头人人才库，加强对农民合作社骨干的培训。鼓励农民工、高校毕业生、退役军人、科技人员、农村实用人才等创办领办家庭农场、农民合作社。鼓励有条件的地方支持农民合作社聘请农业经理人。鼓励家庭农场经营者、农民合作社带头人参加职称评审、技能等级认定。

2. 加快培育农村二、三产业发展人才

党的十九大以来，国家政府部门制定了一系列政策文件优化农村发展环境和条件，促使乡村成为大有可为的场所。乡村要发展，人才是关键，农村二、三产业发展人才的缺位，制约了乡村振兴。因此要加快对农业二、三产业发展人才的培养，促进乡村人才振兴，实现乡

村振兴。

（1）要加快培育农村创业创新带头人。

首先，明确实施农村创新创业带头人培育行动是实施国家创新驱动战略的迫切需要，是实施乡村振兴战略的迫切需要，更是全面建成小康社会的迫切需要。

其次，知晓现阶段农村创新创业面临的具体困境有：创业项目不好选、创业资金难筹集、创业用地不好拿、创业人才不好留、创业风险难控制等问题。

最后，要深入实施农村创业创新带头人培育行动，加大力度推进农村创业创新生态的改善与提升。

在金融资金上：

①积极扩展融资渠道，让更多金融力量参与到农村创新创业带头人的培育工作中来；积极引导金融机构开发适合农村创新企业的金融产品和金融服务，完善农村创业创新带头人贷款、融资等金融供给政策，改善农业创新组织的创业生态环境。

②设立农业创新创业带头人培育孵化资金，建立健全农村创业创新孵化实地基地建设，组建农村创业创新导师队伍，为创新创业带头人的发展提供保障。同时也吸引更多的农村创新创业队伍参与农业创新实践。

③加大创业创新带头人培训力度，这里主要是针对新一代的乡村企业家队伍进行专业化的培训。通过组织相应的专题培训，开展实践调研、交流沟通、集中学习等方式，进一步完善对乡村二、三产业人才的培训体系，提升乡村人才队伍质量。

④要进一步完善涉农企业人才激励机制，激励涉农企业人才积极参与乡村振兴，推进乡村社会发展。同时还要加强对乡村企业家合法权益的保护，切实维护其权益，为其发展打造良好的法治社会环境。

（2）要加强农村电商人才培育。

农业生产与互联网相结合的融合方式成为现代农业转型升级的新思路。抓农村电商人才建设就是要充分整合各类资源，扎实推进农村数字电商人才创新创业示范基地建设的生动实践。大力发展培育电商人才，提升农村电商人才创新创业应用水平，对于助推乡村振兴有积极作用。

①大力发展农村电商综合服务平台，鼓励支持农民通过农村电商平台开展农产品销售。

②依托全国电子商务公共服务平台，完善农村电商平台售后服务保障体系，畅通农村电商物流。

③加快搭建农村电商人才培养一体化平台，开展多层次电商人才培训，提升电商人才服务质量。

④加快建立农村电商人才培养载体，即师资标准、认证体系，为农村电商人才培养筑牢根基。同时要充分利用现代科学技术，通过线上线下相结合的培训方式推进农村电商多层次人才培训。

（3）培育乡村工匠。

①要重视乡村工匠的自身作用。充分挖掘乡村工匠手艺传承。相关部门组织开展各类传统技艺传承活动，可以通过举办各类技能和职业技术大赛，以乡村传统技艺传承为切入点，让能工巧匠者“浮”出来。有针对性地培育乡村工匠，打造当地特色产业，带动当地农民增收致富。

②要建立相应的乡村工匠奖励激励机制。对于现有乡村工匠，要充分激发他们的潜能，鼓励他们通过开办工作室、手工作坊等方式建立传授技能技艺的场所，扩大宣传力度。同时帮助他们完成等级认定，手艺传承，推进相关工作的开展。并且在政策措施方面要予以一定的帮扶，健全相应的政策措施，促进乡村工匠在乡村振兴中发挥人才效益。

（4）要打造农民工劳务输出品牌。

加大力度实施劳务输出品牌计划，围绕地方特色劳务群体，建立技能培训体系和评价体系，完善创业扶持、品牌培育政策。通过完善行业标准、建设专家工作室、邀请专家授课、举办技能比赛等途径，普遍提升从业者职业技能，提高劳务输出的组织化、专业化、标准化水平，培育一批叫得响的农民工劳务输出品牌。

3. 加快培养乡村公共服务人才

乡村教师队伍、乡村卫生健康人才队伍、乡村文化旅游体育人才队伍以及乡村规划建设人才队伍组成了乡村公共服务人才。

（1）针对乡村教师队伍，《意见》对乡村教师队伍做了要求，概括为紧紧抓住制约乡村教师队伍发展壮大的重要因素，着力解决乡村教师建设突出问题，大力推进乡村教师队伍建设高效率改革和高质量发展。推进城乡服务一体化必须要重视乡村教师质量，着力解决乡村教师编制、培养、发展、职称评定、生活保障等问题。实现乡村教师队伍数量基本满足、质量水平提高、待遇明显改善、队伍结构不断优化、职业吸引力持续增强。

（2）针对乡村卫生健康人才队伍，《意见》同样从编制数量、准入条件、人员配备、培训计划、激励机制、绩效评价、收入待遇、基本保障、职业晋升、队伍培养等方面重点强调了乡村卫生健康人才队伍建设的侧重点。《关于加强卫生人才队伍建设的意见》中同样就乡村卫生健康人才队伍建设提出了要求，与《意见》如出一辙。关于加强乡村卫生人才队伍建设提出几点思考：

①树立人才强卫战略。以乡村卫生人才建设为基础，做好新时期乡村人才队伍人事管理工作，强化乡村医疗队伍实践水平，整体推进农村医疗水平。

②加强人才的职业道德培养。搭建乡村卫生人才队伍教育平台，全面提升乡村卫生工作人员素养。将乡村医疗工作者的专业技术和道德建设作为人才绩效评价、人才衡量的双重标准，提升农村医疗工作者的素质。

③优化人才招聘。扩展乡村医护工作者招聘渠道。通过各类激励措施吸引更多青年医护工作者参与乡村振兴的伟大事业，促进人才服务水平整体提升。

（3）针对乡村文化旅游体育人才队伍，《意见》中强调乡村文化旅游体育人才队伍建设主要是政策偏斜以及以鼓励为主。现代化新农村建设以及在经济高速发展的情况下逐步衍生出更多的文化旅游活动来满足人民逐步增长的生活需求和精神需要。乡村体育、文化旅游是农村社会重要的消费活动，乡村休闲体育旅游在农村社区有广阔的发展空间，着力培育乡村文化旅游体育人才，助力农村二、三产业融合。

①推动文化旅游体育人才下乡服务，重点向革命老区、民族地区、边疆地区倾斜。

②完善文化和旅游、广播电视、网络视听等专业人才扶持政策，培养一批乡村文艺社团、创作团队、文化志愿者、非遗传承人和乡村旅游示范者。

③鼓励运动员、教练员、体育专业师生、体育科研人员参与乡村体育指导志愿服务。

（4）针对乡村规划建设人才，《意见》中对乡村规划建设人才的措施可概括为支持、统筹、实施。支持更多了解农村、熟悉农村乡村规划建设的人才参与乡村建设活动。通过综合规划逻辑，在辐射范围内把农村特色资源有效整合聚集，提升设计水平，塑造村容村貌。统筹推进城乡基础设施建设管护人才，增加乡村基础设施使用年限，提高使用效率。实施乡村建设人才培育工程，让更多更有规划或者相关背景的专业人员成为乡村振兴的参与者、组织者。

4. 加快培养乡村治理人才

乡村治理人才包括乡镇党政人才、村党组织带头人、在校农业大学生、农村社会工作人才、农村法律人才、农村经营管理人才等。目前，乡村治理还面临诸多问题。在党建引领上，村党组织带头人素质能力跟不上时代要求，村党组织管理松散，组织能力弱；在社会治理上，部分群众对基层治理参与的积极性不高，对农村环境的认识不足，缺乏基本的公共卫生意识；在文化建设上，部分偏远地区形成“半熟人社会”，缺乏法治文化思想的培育，同时精神文化生活匮乏。乡村治，社会安，国家稳。乡村治理是国家治理体系的重要组成部分，是治理体系中最基本的治理单元，要想实现国家治理体系和治理能力的现代化，就必须实现乡村治理现代化。而乡村振兴强调乡村治理要做到有质有效。因此，要改善乡村社会发展环境，提高乡村居民文化素质，就必须加快培养乡村治理人才。《意见》提出，加快培养乡村治理人才需要针对六方面进行人才的建设和培育。

（1）针对加强乡镇党政人才队伍建设。要选优配强乡镇领导班子特别是乡镇党委书记，健全从乡镇事业人员、优秀村党组织书记、到村任职过的选调生、驻村第一书记、驻村工作队员中选拔乡镇领导干部常态化机制。要实行乡镇编制专编专用，明确乡镇新录用公务员在乡镇最低服务年限，规范从乡镇借调工作人员。要落实乡镇工作补贴和艰苦边远地区津贴政策，确保乡镇机关工作人员收入高于县直机关同职级人员。要落实艰苦边远地区乡镇公务员考录政策，适当降低门槛和开考比例，允许县乡两级拿出一定数量的职位面向高校毕业生、退役军人等具有本地户籍或在本地长期生活工作的人员招考。

（2）针对加强村党组织带头人队伍建设。要坚持把政治标准放在首位，选拔思想政治素质好、道德品行好、带富能力强、协调能力强，公道正派、廉洁自律，热心为群众服务的党员担任村党组织书记。注重从本村致富能手、外出务工经商返乡人员、本乡本土大学毕业生、退役军人中的党员里培养选拔村党组织书记。对本村暂时没有党组织书记合适人选的，可从上级机关、企事业单位优秀党员干部中选派，有条件的地方也可以探索跨村任职。全面落实村党组织书记县级党委组织部门备案管理制度和村“两委”成员资格联审机制，实行村“两委”成员近亲属回避，净化、优化村干部队伍。加大从优秀村党组织书记中考录乡镇公务员、招聘乡镇事业编制人员力度。县级党委每年至少对村党组织书记培训 1 次，支持村干部和农民参加学历教育。坚持和完善向重点乡村选派驻村第一书记和工作队制度。

（3）针对大学在校农村农业人才的培育。实施“一村一名大学生”培育计划，鼓励各地遴选一批高等职业学校，按照有关规定，根据乡村振兴需求开设涉农专业。加强选调生到村任职、履行大学生村官有关职责、加强大学生村官管理工作。落实选调生一般应占本年度公务员考录计划 10% 左右的规模要求。鼓励各地多渠道招录大学毕业生到村工作。扩大高校毕业生“三支一扶”计划招募规模。

（4）针对加强农村社会工作人才队伍建设。要加快推动乡镇社会工作服务站建设，加大政府购买服务力度，吸引社会工作人才提供专业服务，大力培育社会工作服务类社会组织。要加大本土社会工作专业人才培养力度，鼓励村干部、年轻党员等参加社会工作职业资格评价和各类教育培训。还要持续实施革命老区、民族地区、边疆地区社会工作专业人才支持计划。

（5）针对加强农村经营管理人才队伍建设。要依法依规划分农村经营管理的行政职责和事业职责，建立健全职责目录清单。采取招录、调剂、聘用等方式，通过安排专兼职人员等途径，充实农村经营管理队伍，确保事有人干、责有人负。同时将农村合作组织管理专业纳入农业技术人员职称评审范围，完善评价标准。还要加强农村集体经济组织人才培养，完善激励机制。

（6）针对加强农村法律人才队伍建设。要加强农业综合行政执法人才队伍建设，加大执法人员培训力度，完善工资待遇和职业保障政策，培养通专结合、一专多能执法人才。要推动公共法律服务力量下沉，通过招录、聘用、政府购买服务、发展志愿者队伍等方式，充实乡镇司法所公共法律服务人才队伍，加强乡村法律服务人才培训。以村干部、村妇联执委、人民调解员、网格员、村民小组长、退役军人等为重点，加快培育“法律明白人”。培育农村学法用法示范户，构建农业综合行政执法人员与农村学法用法示范户的密切联结机制。

5. 加快培养农业农村科技人才

《意见》在农业农村科技人才方面的概述可归纳为科技创新人才、农技推广人才以及科技特派员。

（1）针对科技创新人才。随着农业生产力的提高，农业持续增长缓慢，农民持续增收困难，农业的弱质性更加突出，对科技人才的依赖性愈发增强。然而，农业科技人才培养不足，严重制约农业现代化的进程。首先，明确财政投入主体。必须完善相应的法律法规，以立法的形式保障农业科技领域投入力度。同时畅通社会投资渠道，建立社会化投融资体系，建立长效投入机制，建立科研人员培育资金，确保农业科技人员持续、稳定、高质量地输出。其次，切实提高财政投入力度。在现有保障基础上逐步提高保障力度，提高农业科技人员基本工资、福利待遇，改善基层科技人员的日常工作、学习环境。最后，改革和规范奖励制度。设立财政专项补贴。用于农业科技人才职业教育、技能提升以及优秀人才奖励、培养、引进等。

（2）针对农技推广人才。

①多渠道培育农技推广人才：鼓励和培育更多新型职业农民参与到农技推广的队伍中来，将农技推广服务与产业扶贫紧密结合；鼓励农业科技人员进行创业活动，创办各类经济实体，开展多元化的科技服务；利用各种平台针对性地培养当地乡土农技人才，提高农技工作者的业务素质和综合技能水平，解决农技推广的“最后一公里”问题，提升农技推广的服务效能。

②完善科技推广人员绩效考核和激励机制。一方面，要完善基层农技人员、科技示范户、农业实用高技术人员、专业合作社带头人和种养大户等一系列对农业技术具有传播和示范作用的农技工作者的保障措施，改善农技推广服务工作者的工作条件，完善绩效考核相关评价机制，并提高农技人员津贴补贴、绩效工资标准和基础保障水平。另一方面，要完善农技人员奖惩机制、探索出台农技人员收入和工资绩效挂钩的激励机制①。

（3）针对科技特派员政策。科技特派员是农业科技创新创业的带头人，是农业科技的推广者。他们以农业科技人才为主体，以农业科技创新成果为纽带，推动乡村振兴战略的实施。一方面，发展壮大科技特派员队伍要完善强化各种相关政策，加大财政方面的投入，落实相关扶持政策，支持科技特派员创新创业，同时为科技特派员开放一定的“绿色通道”，给予科技特派员良好的发展环境，拓展科技特派员的生存空间。另一方面，健全农业农村科研立项、成果评价、成果转化机制，完善科技人员兼职兼薪、分享股权期权、领办创办企业、成果权益分配等激励办法，强化人才队伍，加快转化出适用性强的科技成果。

（五）发挥乡村人才培养主体作用的措施

乡村人才培养的主体多元，涉及面广。《意见》提出，充分发挥各类主体在乡村人才培养中的作用，着力推动形成乡村人才培养的工作合力。

（1）农林院校等完善高等教育人才培养体系，鼓励师生下乡进行农技宣传与农业活动实践，在培育学生农业实践能力的同时提高农村农业从业人员的农业技术能力，发挥农林院校农技推广作用。

（2）依托各级党校（行政学院）培养基层党组织干部队伍。发挥好党校（行政学院）、干部学院主渠道、主阵地作用，分类分级开展“三农”干部培训，将教育资源延伸覆盖至村和社区。

（3）充分发挥农业广播电视学校等培训机构的宣传与培训作用，利用各种社交平台进行农业相关知识的宣传与培训，提高乡村人才农业技能掌握程度与农业知识水平。

---

① 王健敏、李婧媛、刘志超、高波、李德轩、李可：《云南省科技创新助力乡村振兴发展分析与对策》，《农业展望》2019 年第 6 期。

（六）《意见》关于乡村人才振兴实现的主要途径

《意见》分别从人才培养、人才引进、人才使用、人才评价、人才保障五个角度提出了如何推进乡村人才振兴的实现。

1. 在人才培养上

《意见》提出有计划地选派县级以上机关有发展潜力的年轻干部到乡镇任职、挂职，加大公费师范生培养力度，推动职业院校（含技工院校）与基层行政事业单位、用工企业精准对接，定向培养乡村人才。

2. 在人才引进上

《意见》提出建立城市医生、教师、科技、文化等人才定期服务乡村制度，将基层工作经历作为职称评审、岗位聘用的重要参考。鼓励地方整合各领域外部人才成立乡村振兴顾问团，支持引导退休专家和干部服务乡村振兴。健全人才向艰苦地区和基层一线流动激励制度，激励人才扎根一线建功立业。

3. 在人才使用上

《意见》提出建立县域专业人才统筹使用制度，积极开展统筹使用基层各类编制资源试点，探索赋予乡镇更加灵活的用人自主权，推动资源服务管理向基层倾斜。推进义务教育阶段教师“县管校聘”。在区域卫生编制总量内统一配备各类卫生人才，鼓励实行“县聘乡用”和“乡聘村用”。

4. 在人才评价上

《意见》提出完善乡村高技能人才职业技能等级制度，组织农民参加多种技能评价，探索“以赛代评”“以项目代评”。建立健全乡村人才分级分类评价体系，坚持“把论文写在大地上”，完善农业农村领域高级职称评审申报条件，对乡村发展急需紧缺人才可以设置特设岗位。

5. 在人才服务保障上

《意见》提出完善乡村人才认定标准，做好乡村人才分类统计，建立健全县乡村三级乡村人才管理网络。

四、《“十四五”农业农村人才队伍建设发展规划》（以下简称《人才规划》）解读

（一）《人才规划》的制定背景及出台意义

当前，农村发展已经进入新阶段，三农工作重心转向全面推进乡村振兴，全面实施乡村振兴战略的深度、广度、难度都不亚于脱贫攻坚，对高素质人才的需求更加迫切，为此亟须对新时代农业农村人才建设做出规划和安排。习近平总书记在中央人才工作会议上，从统筹“两个大局”的战略高度，提出新时代人才工作一系列新理念新战略新举措，为农业农村人

才工作指明了方向，提供了根本遵循。在这样的现实背景下，农业农村部依据《促进法》《中国共产党农村基层组织工作条例》《意见》以及《“十四五”推进农业农村现代化规划》，编制了《“十四五”农业农村人才队伍建设发展规划》，其目的是为全面推进乡村振兴，加快农业农村现代化，培养造就一支高素质农业农村人才队伍。

新时代下，加强农业农村人才队伍的建设，是促进农业现代化的现实需要，是推动农村社会经济快速发展的客观要求，是提高农民全面发展的重要举措，对于加快乡村振兴的实现意义重大。对于《人才规划》这一个面向全国农业农村领域关于人才队伍建设的规划，其实施必将为乡村振兴提供人才支持和动力保障。

（二）当前全国农业农村人才队伍的现状

（1）“十三五”时期，中国农村人才队伍建设实现取得了新成效，人才成长的外部环境正在改善，人才发展的内在动力不断增强，全国农业农村人力资源数量不断扩大、劳动力结构明显优化、农民素质持续提升，农村凝聚人才的能力逐渐增强，农村人才引领农业农村发展的能力逐步提升。

（2）“十四五”时期，实现巩固拓展脱贫攻坚成果同乡村振兴有效衔接，加快农业农村现代化，还有很多问题亟待解决，如乡村人才资源紧缺、人才流失严重、人才培育机制不健全等。而《人才规划》对“十四五”农业农村人才队伍建设进行了系统谋划，提出以培优、做强、壮大为目标，更好地发挥服务乡村振兴的作用。

（三）《人才规划》在总体部署上的突出特点

《人才规划》立足新发展阶段、贯彻新发展理念、构建新发展格局、推动高质量发展，着力推进人才振兴。规划内容主要呈现三个方面的特点：

1. 坚持系统发展

实现乡村振兴，关键在人，《人才规划》围绕全面推进乡村振兴和加快农业农村现代化的需求，秉承充分发挥人才聚能效应，整合组织、干部、人才优势，统筹规划、精准发力的原则，将“人”这一关键要素与“三农”工作有机结合，着力解决制约三农发展的关键问题。

2. 坚持统筹发展

着力破除城乡二元结构中的户籍壁垒，推动城乡要素流动聚集，推动工程、项目、资金等要素与农业农村人才一体化配置。坚持本土培育与外来引进相结合，实现人才留下来、育出去、引进来，为乡村振兴蓄势赋能。

3. 坚持创新引领发展

在认真落实中央明确的各项人才政策举措的同时，积极探索引进制度，加强农业农村领域人才队伍建设改革，不断激励人才参与乡村振兴，加快形成人才引领的合力。

（四）“十四五”时期将重点抓好农业农村人才培育

农业农村人才队伍数量大、类型多、涵盖广，需要分类施策、有的放矢。《人才规划》

根据不同人才队伍的功能定位，把农业农村人才划分为主体人才、支撑人才和管理服务人才，共3类10支人才队伍。

其中，主体人才包括农村基层组织负责人、家庭农场主、农民合作社带头人；支撑人才包括农业科研人才、社会化服务组织带头人、农业企业家、农村创业带头人；管理服务人才包括农业综合行政执法人才、农村改革服务人才、农业公共服务人才。针对不同人才队伍的特点和作用，突出重点制定了差别化政策。

（五）《人才规划》中壮大主体人才队伍的具体措施

1. 选优建强农村基层组织负责人队伍，提升乡村治理现代化水平

农村基层组织负责人承担着建强基层党组织、推动乡村振兴、为民办实事、提高治理水平等重要职责，是贯彻落实农业农村政策的关键力量。要以满足乡村治理体系和治理能力现代化要求为目标，以选优配强人才队伍、持续提升素质能力为手段，完善监管考核制度，强化激励保障措施，增强农村基层组织带头人担当作为的能力和动力。

（1）夯实基层组织基础。《人才规划》中就夯实组织基础提出推动县乡党委在坚持政治标准前提下，大力选拔懂发展、善治理、有干劲、会干事、甘于奉献、敢闯敢拼、能够团结带领群众推进乡村振兴的优秀人才进入村“两委”班子。推动人才选拔机制创新，打破地域、身份、职业界限，注重选拔本村致富能手、外出务工经商返乡人员、本乡本土大学毕业生、退役军人等进入村“两委”班子。向重点乡村持续选派驻村第一书记和工作队，适当扩大高校毕业生“三支一扶”计划招募规模。鼓励采取“定制村干部”、面向社会公开选拔、上级党组织选派等多种方式，从高校毕业生、机关和企事业单位人员中选拔基层组织后备力量。

（2）提升基层治理水平。同相关部门组织实施农村基层干部乡村振兴主题培训计划，《人才规划》中农村基层干部乡村振兴主题培训计划内容如下：

①确定培训目标。以履职所需的基本知识、基本能力为基础，立足基层干部岗位需要，坚持干什么学什么、缺什么补什么，有针对性地开展专业能力培训，着力提高基层干部素质和治理水平，为加快农业农村现代化、推进基层治理体系和治理能力现代化提供坚强保证。确定培训目标目的，坚持目标导向，有针对性地培育人才，分析乡村振兴各个主体的价值和功能，着力让乡村人才队伍发挥作用，弥补乡村振兴的短板。

②确定培训对象。培训对象包括县直机关干部、乡镇干部、农村集体经济组织党组织负责人、农业行政执法、经营管理、农技推广、动物疫病防治、农产品质量监管类干部、脱贫地区基层干部和帮扶干部。明确培训对象最主要是围绕提升乡村人才振兴队伍综合素质、生产技能和经验能力，科学确定相应培训内容，提高基层干部参与乡村振兴的积极性。

③确定培训内容。对县级农村工作领导小组成员单位负责人，以准确把握新发展阶段三农工作历史方位和战略定位为重点，突出乡村振兴形势政策教育。对乡镇党委书记和组织委员、村党组织书记，以抓党建促乡村振兴为重点，提高做农村基层工作、抓党组织建设的本领。对农村集体经济组织和农民合作社的党组织负责人，提升开展党务工作、促进组织发展和联

系服务群众的能力。对农业行政执法、经营管理、农技推广、动物疫病防治、农产品质量监管类干部，以业务能力建设为重点，突出培训新政策、新知识、新技能。对脱贫地区基层干部和帮扶干部，加强巩固拓展脱贫攻坚成果同乡村振兴有效衔接的培训，围绕健全防止返贫监测和帮扶机制、易地搬迁后续扶持、特色产业发展等开展培训。优化培训内容要贴近乡村振兴专题和适应农业农村产业发展需求，聚焦稳产保供，围绕主要农产品有效供给加强技术培训，对防灾减损和重大病虫害防治、动物疫病防控、生产管理和健康养殖等老百姓关心的话题，开展培训计划，提升人才素质，持续推进乡村振兴人才队伍能力的提升。

④突出政治引领，提升集体经济发展和乡村治理等能力，对基层组织负责人开展轮训。参与实施"一村一名大学生""一村多名大学生"等学历提升计划，支持村干部、年轻党员通过弹性学制、农学结合、送教下乡等方式，就地就近接受高等学历教育，培养一批在乡大学生。推动建立村级后备力量培养联系人制度，强化岗前培训和实践锻炼，提升治村兴村综合能力。

（3）强化管理监督保障。推动完善村级组织负责人考核机制。充分发挥农村基层党组织、村务监督委员会等的监督作用，引导群众有序参与，健全农村基层监督体系，推动农村基层治理不断完善。畅通晋升渠道，推动选拔优秀村组织书记进入乡镇班子、乡镇公务员队伍和乡镇事业单位。积极推动通过提高报酬待遇、完善社会保障制度、落实正常离任村干部生活补贴等多种方式，营造拴心留人良好环境。开展乡村治理示范村镇创建，培育和树立一批乡村治理典型，发挥引领带动作用。

2. 扶持壮大家庭农场主队伍，促进农业适度规模经营发展

家庭农场经营者是拥有农村户籍、以家庭成员为核心，以农业收入为主（家庭农业净收入占家庭农场总收益的 80% 以上），受过专业农业种植技能培训，对其他农业生产有辐射作用的现代农业生产者。而家庭农场是指以家庭成员为主要劳动力，从事农业规模化、集约化、商品化生产经营，并以农业收入为主要收入来源的新型农业经营主体。其特征是：以家庭经营为主、相对独立的市场参与主体，以适度规模为基础展开农业生产活动，从事农业，提供专业化、商品化的生产，有着相对完整的社会化服务体系。区别于传统的农户家庭经营，传统农户家庭经营主要依托市场风向而生产，以传统小农经营为主，不强调规模化经营，管理方式松散。家庭农场经营可以充分发挥经营成员的作用，享有规模化、专业化经营的优势。

家庭农场主是促进农业规模化、标准化、集约化生产经营，推动乡村产业发展的生力军。要以能力提升为支撑，以政策支持为保障，扶持壮大家庭农场主队伍，巩固提升家庭农场主生产经营能力和带动能力，推动农业适度规模经营提质增效。

（1）提升经营管理能力。主要是对家庭农场主开展素质提升计划，指导各地利用 3 年时间，对纳入名录的家庭农场主开展轮训，充分提升其农业生产能力和经营管理水平。同时，加快实施青年农场主培养计划，加大力度对青年农场主进行重点培养和创业支持，不断壮大家庭农场经营者的后备力量。开展家庭农场主知识更新工程，充分发挥农广校、职业院校、农技推广单位、农业企业等机构的培训功能，采取“田间学校”“送教下乡”等形式开展培训，提高培训的针对性和有效性，不断满足家庭农场多样化发展能力需求。

（2）创新协同发展模式。鼓励组建家庭农场协会或联盟，搭建合作服务平台，为家庭农场提供农事服务、营销服务、金融服务、培训服务、信息服务等。引导家庭农场主领办或加入农民合作社，开展统一生产经营。支持家庭农场协会或联盟开展跨区域、跨行业、跨领域的联合合作，促进家庭农场资源共享，提升自我服务能力。探索创新利益联结机制，推广家庭农场与龙头企业、社会化服务组织合作的有效方式，提升抱团发展能力。

（3）拓展支持服务手段。鼓励各地加大对家庭农场建设仓储、晾晒场、保鲜库、农机库棚等设施用地的支持，保障家庭农场用地。充分发挥新型农业经营主体信贷“直通车”作用，强化对家庭农场信贷支持力度，鼓励金融机构开展家庭农场信用等级评价，对资信良好的家庭农场发放信用贷款。加大农业保险保费财政补贴力度，有效满足家庭农场的风险保障需求。完善全国家庭农场名录数据库，构建家庭农场主管理服务系统，开展针对性指导服务。鼓励有条件的地方引导家庭农场主参加城镇职工社会保险，为家庭农场主创业兴业解决后顾之忧。引导家庭农场主在生产、营销中积极使用大数据、互联网、物联网技术，参与区域公用品牌建设，参加农产品展销会，利用电商企业对接平台，提升对接大市场能力。开展示范家庭农场创建活动，征集推介一批家庭农场典型案例，发挥示范引领作用，带动小农户照着学、跟着干。

3. 加快培育农民合作社带头人队伍，带动小农户与大市场有效衔接

农民合作社在与农民建立紧密的利益联结关系，实现互助互促、合作共赢等方面发挥着重要作用，其带头人是提高农业生产经营组织化程度，引领小农户与现代农业发展有机衔接的骨干力量。要以提高规范运行和服务带动能力为核心，以完善指导服务和政策支持为支撑，加快培育一支能力强、素质高的农民合作社带头人队伍，提升现代农业发展水平。

（1）提升规范办社水平。充分发挥农民合作社带头人的主体作用，引导农民合作社完善章程制度，健全组织机构，规范财务管理，合理分配收益，提升运营管理规范化水平。加强辅导员队伍建设，拓宽辅导员选聘渠道，引导农民合作社带头人依法依规办社。鼓励农民合作社带头人积极参与示范社创建，将规范管理、创新发展、联农带农作为评定考核内容和政策扶持的主要依据，培育一批制度健全、管理规范、带动力强的农民合作社行业标杆，提升农民合作社发展质量。

（2）增强服务带动能力。鼓励农民合作社带头人与成员、周边农户建立利益联结关系，推行品种培优、品质提升、品牌打造和标准化生产，积极发展循环农业、休闲农业、电子商务等新产业新业态，由种养业向产加销一体化拓展，为成员提供低成本便利化服务。鼓励各地依托农民合作社联合社、联合会等，创建农民合作社服务中心，出台扶持政策措施，为农民合作社带头人提供培育孵化和公共服务。引导农民合作社与各类企业对接合作，解决销售、品牌、物流、融资等难题。

（3）营造良好发展生态。强化农民合作社带头人培育，重点围绕发展乡村产业、拓展服务功能、加强利益联结等内容开展培训，提高带头人高质量发展能力。支持各地制定财政奖补、工资补贴等优惠政策，吸引大中专毕业生等各类人才领办创办农民合作社。开展信贷直通车活动，探索构建农民合作社信用评价体系，鼓励创设符合农民合作社需要的金融信贷产品。支持县级以上示范社、联合社承担国家涉农项目，落实用地用电政策。开展农民合作社带头人发展典型案例选树和宣介，对做出突出贡献的农民合作社带头人，可按照国家有关规定给予表彰奖励。

（六）强化人才队伍支撑

人才是强国之本，农业农村人才是强农之本。农业农村科技和农村专业人才、社会化服务组织带头人、农业企业家、农村创业带头人作为农业农村人才队伍的重要组成部分，是实现推动农业农村现代化的主要力量和决定因素。重点要做强农业科研人才、社会化服务组织带头人、农业企业家、农村创业带头人四支队伍，更好发挥其加快农业创新驱动发展、促进小农户和现代农业发展有机衔接、助力一二三产业融合发展的支撑作用，为推动农业农村现代化注入活力和动力。

1. 加强农业科研人才队伍建设，提升农业科技创新能力

农业科研人才肩负着攻克农业农村重大科学问题和关键技术难题，保障粮食安全、加快推进农业农村现代化的重要使命，是实现高水平农业科技自立自强的核心力量。面向世界科技前沿、面向经济主战场、面向国家重大需求、面向人民生命健康，以关键核心技术攻关为抓手，以国家实验室、现代农业产业科技创新中心等重大平台为载体，以深化体制机制改革为保障，推动任务项目平台人才等一体化部署，“铸塔尖、强塔干、厚塔基”，不断提升农业科研人才自主培养能力，切实加快农业科技创新主力军队伍建设。

（1）大力培养使用农业战略科学家。坚持实践标准，在农业关键核心技术攻关、农业生物育种重大项目、现代农业产业技术体系等重大科技任务中担纲领衔者，发现具有深厚科学素养、长期奋战在科研一线，视野开阔，前瞻性判断力、跨学科理解能力、大兵团作战组织领导能力强的农业科学家。坚持长远眼光，有意识地发现和培养更多具有战略科学家潜质的高层次复合型农业人才，形成农业战略科学家成长梯队。

（2）打造农业科技领军人才和创新团队。聚焦推进农业农村高质量发展，围绕战略必争和新兴技术领域，设立实施“神农英才”计划，在粮食和重要农产品保供、关键核心技术攻关、重大农业风险隐患防控等战略领域，遴选支持一批具有战略创新思维、科技前沿和产业发展深刻把握能力，具有领衔决胜重大科技攻关统筹协调能力的农业科技领军人才。发挥农业领域国家实验室、国家科研机构、高水平研究型大学、科技领军企业的国家队的作用，围绕粮食安全、绿色低碳、智慧农业等重点领域，组织产学研协同攻关。

（3）造就青年农业科技人才队伍。把培育国家农业战略人才力量的政策重心放在青年农业科技人才上，完善全链条培育制度，在农业科技项目、科技创新平台、现代农业产业技

术体系、技术试验示范等工作中，支持青年人才挑大梁、当主角，使他们尽快脱颖而出。鼓励高校、科研院所、企业围绕重点学科和领域，设立青年农业科技人才培养专项，稳定支持一批创新潜力突出的青年农业科技人才。探索设立职称晋升绿色通道，助力优秀青年人才快速成长。倡导高校、科研院所、企业进一步优化学术环境，支持青年农业科技人才敢于打破定式思维和守成束缚，提出新观点、创立新学说、开辟新途径。

（4）用好人才成长和作用发挥平台。在推进建设农业领域国家实验室、重组农业领域国家重点实验室、改造改组优化提升重点实验室过程中，充分发挥战略科学家、领军人才作用，积极培养青年农业科技人才。融合政府、科技、人才、金融等要素，建好用好 5 个国家现代农业产业科技创新中心、51 个国家农业科技创新联盟、72 个农业科技现代化先行县，推动农业科教系统，大力强化产学研融合，促进农业科技人才在科技经济一体化进程中锻炼成长。搭建农业国际联合研究平台，聚天下英才而用之。鼓励科研机构、企业打造融合发展联合体，明确企业“出题出资”、科研机构“答题交卷”的模式，促进科研人才与主导产业、农业企业紧密结合，实现创新链、产业链有机整合。

（5）改革创新人才发展体制机制。深化农业科研院所内部管理制度改革，推进扩大科研决策、职称评定、经费使用、成果收益分配等自主权。优化农业科技领军人才发现机制和项目团队遴选机制，试点人才梯队配套、科研条件配套、管理机制配套等领军人才特殊政策，实行“揭榜挂帅”“立军令状”“赛马选马”等机制，优先支持一批领军人才开展技术攻关。鼓励实施农业科技领军人才年薪制、特岗补贴制、团队薪酬协议制、企业兼职兼薪制等制度。加快建立以创新价值、能力、贡献为导向的评价体系，推行围绕主责主业评职称，健全符合农业科技创新和人才成长规律的职称评审标准和制度体系。设立国家农业科技人才库，统筹培养使用。优化“中华农业英才奖”“神农中华农业科技奖”等科技人才表彰奖励制度，加大先进典型宣传力度，推进实施更加灵活的国际学术交流政策。

2. 培育农业社会化服务组织带头人队伍，充分发挥联农带农益农作用

农业社会化服务组织带头人在满足农民多样化生产需求、助力农业高质量发展等方面发挥着重要作用，是适应转变农业生产方式需要，开展农资供应、代耕代种、统防统治、驾驶维修、信息咨询、代储代销等生产性服务的生力军。要以提升服务能力为核心，以模式创新为抓手，以优化环境为支撑，充分发挥市场作用，促进服务组织带头人队伍加快发展，建设与农业农村公共服务优势互补的农业社会化服务体系，补齐农业农村服务短板。

（1）引导提升服务能力。实施农业社会化服务组织带头人培育工程，在支撑重要农产品生产营销、解决产业链薄弱环节问题、推广新技术新装备等领域，加强政策扶持、推动机制创新、强化服务保障，加快培养一批农业社会化服务组织带头人。鼓励开展农业社会化服务、组织服务质量评价，主动适应农业生产多样化、个性化、专业化、信息化的服务需要，持续提升服务能力，重点解决一家一户干不了、干不好、干起来不划算的问题。

（2）创新合作共赢模式。鼓励农业公共服务机构与社会化服务组织带头人合作，推行“整合托管”“公建民营、民办公助”等多种模式，合力提升服务质量和水平。鼓励农业社会化服务组织带头人以资金、技术等要素为纽带，加强联合合作，促进功能互补、互惠互利。鼓励农业社会化服务组织带头人与农村集体经济组织、新型经营主体、农户开展多种形式的合作，推广“服务主体 + 农村集体经济组织 + 农户”“服务主体 + 各类新型经营主体 + 农户”等组织形式，形成利益共享、风险共担的利益共同体。

（3）完善支持服务政策。整合政策资源，为农业社会化服务组织提供财政、税收、信贷、保险、用地支持。强化行业指导，通过健全服务标准、加强价格监测、强化合同监管、规范服务行为、建立行业自律组织等，促进规范发展。继续开展全国农业社会化服务典型选树活动，树立行业标杆和服务典型，发挥示范带动作用。加快推广应用中国农业社会化服务平台，促进服务供需线上对接、线下落地。

3. 建设高质量农业企业家队伍，促进农业产业转型升级

农业企业家是农业农村经济活动的支撑力量，发挥着推动农业产业融合发展，带动农民融入大市场的引领作用。要加强农业企业家队伍建设的统筹规划，将农业企业家培育与农业产业发展同步谋划、同步推进。通过建设数据库把企业家“找出来”，通过建立智库、联系机制把企业家“用起来”，通过加大支持力度、树立龙头企业标杆让企业家“强起来”。

（1）育强扶壮龙头企业。围绕农业产业转型发展、融合发展需要，引导龙头企业家树牢农业产业发展大局观、安全观，积极投身国家农业重大战略实施工程。鼓励龙头企业采取兼并重组、股份合作等形式，建立大型农业企业集团，发挥农业龙头企业在保障国家粮食安全上的关键作用，提升农业龙头企业在乡村产业发展中的带动能力。倡导务农、兴农、为农、带农的农业企业家精神，扶持一批龙头企业家牵头，中小企业主、农民合作社、家庭农场等新型农业经营主体跟进，广大小农户参与的农业产业化联合体，形成龙头企业与各类经营主体融通发展的新格局。

（2）搭建成长发展平台。开展“百千万”农业企业家培育工程。其中农业企业家培育工程有几个关键内容值得注意：

①开展百名企业家交流活动，通过组织这些企业家开展交流活动、讲述自己的创业故事，树典型，推动农业企业家相互学习、相互促进。

②开展千名企业家能力提升专项行动。组织实施千名企业家能力提升专项行动，采取外包的服务形式，对成长空间较大的农业企业家开展针对性教育培训服务，补足能力短板，提升综合素质。

③开展万名企业家轮训计划。组织实施万名企业家轮训计划，依托农业企业家培育实训基地等，通过专题培训、实践锻炼、学习交流等方式，全面提升企业家综合素质，提高龙头企业带动乡村产业发展能力。实施百名农业企业家交流活动、千名企业家能力提升专项行动、万名企业家培训计划，建设一批农业企业家培育实训基地，提高农业企业家综合素质，提升农业企业家示范带动作用。支持农业企业自主创新，加大国家科技计划对农业企业科技创新

的倾斜力度，提高农业企业承担研发任务的比例。建立政企沟通机制，发挥农业企业家智库作用，指导各地建立省市县农业企业家数据库，开展农业龙头企业发展情况年度调查，动态掌握农业企业家及其企业发展基本情况。支持各地建立交流合作平台，举办形式多样的“企企”“科企”“银企”对接活动，为企业创造更多的交流合作机会。加强农垦企业经营管理和专业技术人才培育，增强农垦企业发展活力和示范带动能力。

（3）营造健康成长环境。鼓励整合乡村产业发展的各类项目资金政策，将联农带农紧、创新能力强、发展潜力大的龙头企业列为扶持重点，给予倾斜支持。保护企业家合法权益，完善土地流转管理、服务、纠纷调处机制，加强知识产权保护，维护企业家的财产权、创新权益和自主经营权，保障企业在法治轨道上健康发展。不定期组织企业家座谈和走访，帮助解决企业实际困难。选树龙头企业标杆、推介龙头企业联农带农、产业化联合体典型案例，培育大集团、打造大产业、创响大品牌，营造全社会关心关爱农业企业家发展的良好环境。

4. 壮大农村创业带头人队伍，为产业发展注入新活力

返乡入乡农村创业带头人是推动科技、管理、资金等资源要素下沉乡村，带动电子商务、休闲农业等新产业新业态蓬勃兴起，引领乡村产业发展的重要力量。要构建“平台＋带头人”的农村创业人才培育机制，通过强化主体培育、创业指导、平台建设，提升农村创业人才规模与素质，引领带动乡村新产业新业态蓬勃发展。

（1）提升干事创业能力。实施农村创业带头人培育行动，开展农村(含国有农场)创业带头人培育行动，优化农村创业环境，提升创业层次，不断壮大创业队伍，持续为乡村产业发展注入动能。

通过创新培训方式、加大培育力度、提升培训质量，对具有发展潜力和示范带头作用的返乡入乡创业人员，依托普通高校、职业院校、优质培训机构等开展创业培训。充分利用现代技术手段，提供灵活便捷的在线培训。根据返乡入乡创业带头人特点，开发一批特色专业和示范培训课程。推行互动教学、案例教学和现场观摩教学，开设农村创业带头人创业经验研讨课。扶持一批返乡创业农民工和在乡创业能人发展乡村产业，鼓励一批入乡创业人员提升乡村产业发展水平。通过集中授课、案例教学、现场指导等方式，为农村创业人员开展精准培训，充分利用远程视频融媒体等现代信息技术，提供灵活便捷的在线培训。开发一批特色专业和示范培训课程，提升培训质量，提高创业成功率。

（2）搭建创业服务平台。鼓励各地建设一批资源要素集聚、基础设施齐全、服务功能完善，集“生产＋加工＋科技＋营销＋品牌＋体验”于一体的农村创业园区。鼓励各地建设一批“预孵化＋孵化器＋加速器＋稳定器”全方位的农村创业孵化实训基地等，帮助农村创业带头人顺畅创业。实施农村创业园区(基地)服务提升行动，培育一批高素质园区(基地)运营管理人员。

（3）优化创业服务环境。指导各地全面落实农村创业带头人融资、用地、落户、社会保险等扶持政策，吸引各类人才返乡入乡干事创业。鼓励各地依托现代农业产业园、农业产业强镇和优势特色产业集群等项目建设，为返乡入乡创业人员提供办公场所、匹配服务团队、落实扶持政策。办好全国农村创业项目创意大赛，吸引更多人才投身乡村振兴事业。宣传推介创业典型，发掘一批农村创业带头人，讲好创业励志故事，营造创业良好氛围。

（七）优化管理服务人才队伍建设

推动更多更优的人力资源要素配置乡村，促进人力资源要素在城乡之间均衡配置。当前，随着社会发展，社会组织化的生产和生活水平逐步提高，组织对人才资源种类和形式的需求也越来越多样化，优化管理人才队伍对于推进乡村治理现代化意义重大。重点培育农业综合行政执法人才、农村改革服务人才、农业公共服务人才三支队伍，着力提升农业行政执法、技术支撑保障、农村经济管理、农村社会事业发展和乡村治理能力，充分发挥体制内“国家队”在保安全、防风险、守底线中的兜底和保障作用。

1. 加强农业综合执法人才队伍建设，强化农业现代化法治保障

农业综合行政执法人才队伍承担着维护农业生产经营秩序、保障农产品质量安全、保护农民合法权益、开展农业领域应急处置等重要职责，是推进农业依法行政的中坚力量。要以深化农业综合行政执法改革为抓手，以完善制度机制为重点，以改善执法条件和强化执法监督为保障，加大政策创设力度，建设一支政治信念坚定、业务技能娴熟、执法行为规范、人民群众满意的农业行政执法人才队伍，为“三农”发展保驾护航。

（1）健全执法体系。建立健全省市县三级农业综合行政执法体系，加快建设专业化、职业化、现代化的农业综合行政执法人才队伍，推动明确执法机构性质和执法人员身份。按照职权法定、属地管理、重心下移的原则，厘清不同层级执法权限。理顺行业管理机构与综合行政执法机构的职责分工，厘清综合行政执法与日常监管的职能边界，构建监管与执法分工协作机制。按照区域特点、执法任务量等工作实际配足配齐执法人员，确保事有人管、活有人干、责有人担。加强以沿海和长江流域为重点的渔政执法队伍和能力建设，聚焦品种权保护、农资质量、长江禁渔、动植物检疫、农产品质量安全等重点领域，强化基层执法人员配备。

（2）提升执法能力。实施农业综合行政执法能力提升行动，健全执法制度，规范执法行为，显著提升执法人才业务水平。开展农业综合行政执法示范创建活动，以示范促发展，以创建促提升。加强执法人才技能培训，大力培育通专结合、一专多能的复合型执法人才。省市两级农业农村部门全面组建执法办案指导小组，带动提升基层执法水平。开展农业综合行政执法人员大练兵、大比武及执法技能人才评选、竞赛等活动，培养一批业务水平高、综合素质强的执法尖兵和办案能手。落实“谁执法谁普法”的普法责任制，构建农业综合行政执法人员与农村学法用法示范户的密切联结机制，提高农村普法实效。

（3）强化执法保障。鼓励各地根据实际，畅通农业综合行政执法人员晋升渠道，并将执法绩效、应急处理能力等作为晋升依据。制定农业综合行政执法人员依法履职管理办法，建立科学合理的执法绩效考评体系，推动制定行政执法人员立功受奖等政策，提高职业保障

水平，让执法人员放心执法、安心执法、用心执法。

2. 加强农村改革服务人才队伍建设，保障农村改革举措落实落地

农村改革服务人才队伍负责农村生产关系管理和改革指导服务，是落实党的农村政策、壮大农村集体经济、维护农民权益的重要力量。要以明确和理顺职能定位为基础，以健全基层工作机构体系为手段，以强化农村改革服务人才素质为重点，提升基层农村改革服务水平，有效保障农村各项改革任务顺畅实施。

（1）健全改革服务体系。指导各级农业农村部门落实农村改革服务职能，明确履职主体，健全工作体系，打造专业化人才队伍。建立健全职责目录清单，围绕农村承包地管理与纠纷调解仲裁、宅基地改革管理、农村集体产权制度改革、农村产权流转交易、农村集体经济组织建设、农村社会事业发展和乡村治理、农垦改革发展等农村改革任务，依法依规界定农村改革服务的职责范围。采取多种途径破解农村改革服务人才发展难题。通过公开招录、定向培养、人才聘用、劳务派遣、招募志愿者等方式，充实基层农村改革服务力量。

（2）提升改革服务能力。分层分类分级开展农村改革服务人才轮训，对农村改革服务人才轮训一遍。制定农村土地承包仲裁员职业技能培训规范，开展农村改革服务人才学历和职业技能提升行动。指导各地面向农村改革服务人才开展形式多样、内容丰富的短期培训，提高改革服务人才政策理论和业务水平。

（3）激发改革服务活力。畅通农村改革服务人才能力测评、职称评审通道，以推动政策落实、农村集体经济发展、乡村治理等工作实绩作为评价依据。建立改革容错纠错机制和正向激励机制，对改革积极性高、成效显著、示范带动作用强的单位和个人予以表扬，激发改革创新的积极性、主动性。鼓励各地建立农村土地承包经营纠纷调解仲裁员等级评价制度、聘任管理制度，完善激励机制。开展农村改革服务先锋人物典型选树活动，强化示范引领和带动作用。

3. 加强农业公共服务人才队伍建设，强化农业高质量发展支撑保障

农业公共服务人才队伍承担推广农业技术、保护种质资源、防控动植物疫病、防灾减灾、保障农产品质量安全和农业生产生态安全等重要职责，是促进农业科研成果转化和实用技术应用的重要力量。要适应管理服务下沉、技术服务聚焦、社会服务拓展的形势要求，围绕公益性法定职能履行，重点提升农技推广、质量监管、防灾减灾、动植物疫病防控等综合服务能力水平。

（1）强化公益服务职能。实施农业公共服务能力提升行动，加大对县级以下农业公共服务人才培训力度，重点强化重大引领性农业技术示范推广、种质资源保护、农产品质量安全监管、动植物重大疫病监测和防控指导、绿色发展方式和生活方式推行、农村生态屏障安全保护等方面的服务保障能力，为保障粮食安全和重要农产品有效供给提供有力支撑。

（2）创新服务工作机制。完善公益性和经营性融合发展机制，允许提供增值服务合理取酬，发挥好公益性服务机构对经营性农技服务活动的有效引导和必要管理作用。鼓励各地通过“定向招生、定向培养、定向就业”等方式，引导高校毕业生、技术人员等向基层农业公共服务机构流动。深入推行科技特派员制度。在国家乡村振兴重点帮扶县对农技推广人员探索“县管乡用、下沉到村”机制。深入实施农技推广服务特聘计划，支持以政府购买服务方式招募特聘农技员、特聘防疫员。

（3）完善评价激励手段。健全农业公共服务人员评价制度，建立“定向评价、定向使用”机制，把履行公益服务职能情况作为公共服务年度考核的重要内容，将考核结果与绩效奖励、职务晋升、评先推优、研修深造、公务员遴选等挂钩，树立以实际贡献和服务对象满意度为目标的服务导向。开展基层农业公共服务机构星级创建活动，开展“寻找最美农技员”、十佳农技推广标兵、“农安卫士”等典型选树和遴选活动，举办全国农业行业职业技能大赛、“大国农匠”农民技能大赛，以赛促训、以赛促学、以赛促用，鼓励农业公共服务人员干事创业，全面激发农技人员活力。

（八）《人才规划》中健全人才兴农强农政策体系的措施

《人才规划》中就健全人才兴农强农政策，规划为以下几点：加强农业农村人才政策统筹谋划和系统创设，汇聚各方力量、优化资源配置，强化人才培育发展和服务的平台抓手；构建有利于主体人才兴乡、支撑人才和管理服务人才返乡下乡，各类人才融入乡村、服务乡村、发展乡村的体制机制，为人才在乡村振兴中充分发挥支撑保障作用提供有力的制度和政策保障。

1. 健全人才培育政策体系

鼓励各地统筹谋划、整合农业农村人才培训培育资源，建立层次分明、结构合理、开放有序的教育培训体系。围绕抓数量、抓质量、抓多样，建立学历教育、技能培训、实践锻炼等多种方式并举的培养开发机制。加大农业农村人才培训的规模和覆盖面，做到按需培训、应训尽训。提升农业农村人才培训的针对性和精准性，促进培训培育与产业和乡村发展相结合，加大对带头人、“关键少数”的培训力度，进一步激发带头人的示范带动作用，实现“培训一人，带动一片”。围绕不同地区乡村产业发展特点，采取“订单培育、定制培育、定向培育、定点培育”系列举措，开展多样化、特色化培训培育活动，提升培训培育效果。

2. 健全人才引进政策体系

建立政府引导、市场调节的农业农村人才选拔使用机制，坚持需求导向，鼓励农村基层组织、农业企业、农民合作社、农村集体经济组织等通过公开招聘、民主选举等方式，多渠道选拔高素质人才，充实农业农村人才队伍。通过设立“乡村振兴辅导员”“专家服务团”“人才直通车”“企业创新驿站”以及“打乡情牌”等方式，引导各类城市优秀人才下沉服务乡村、干事创业。鼓励各地构建人才返乡入乡服务机制，为返乡入乡各类人才提供必要的生产生活服务，根据实际情况、按照有关规定提供相关福利待遇。支持和鼓励科研人员通过项目合作、专家服务、兼职等形式到农村开展服务活动，服务经历作为职称评审、岗位聘用的重要参考。鼓励各地整合各领域外部人才成立乡村振兴顾问团，支持引导退休专家和干部服务乡村振兴。

协调争取有关部门加大对返乡入乡人才住房、子女教育等的保障力度，完善社保关系转移接续机制，为返乡入乡人员及其家属参加城镇职工基本养老保险、基本医疗保险提供便捷服务。

3. 健全人才使用政策体系

建立产业人才统筹谋划机制，推动工程、项目、资金等要素与农业农村人才一体化配置。支持各地将人才队伍建设与农业农村领域重大工程、项目统筹谋划、同步推进。在项目资金方面加大对农业农村人才队伍建设的支持力度，将带动人才发展情况列入国家现代农业产业园、优势特色产业集群等重大工程、项目的考核验收指标；将推动农业农村人才队伍建设列入农业产业强镇建设要求，推动以业聚才、以才兴业。指导各地充分利用农业产业园、科技园、创业园等平台，鼓励创设“双创”服务基地、人才孵化基地、人才小镇、人才驿站等新型平台，为人才在乡村干事创业提供培训、信息、金融、就业、创业等系统性支持服务，为各类人才搭建干事创业平台。推动建立县域专业人才统筹配置使用机制，探索赋予乡镇更加灵活的用人自主权。对待急需紧缺的特殊人才，实施特殊政策，鼓励从上往下跨层级调剂行政事业编制，推动资源服务管理向基层倾斜。加强人才服务站、专家服务基地等人才服务平台建设，为农业农村人才提供政策咨询、职称申报、项目申报、融资对接等服务。

4. 健全人才激励政策体系

鼓励各地改善农业农村人才工作和生活条件，打破乡村人才与城市人才在教育医疗、社会保障、公共服务等方面的政策壁垒，破除身份、体制和编制等体制机制障碍，推动乡村人才与城市人才实现“身份认同、待遇趋同、晋升等同”。鼓励各地对长期服务基层和艰苦边远地区的农业农村人才，在工资待遇、职务职称晋升、职业资格评价和职业技能等级认定等方面实行倾斜政策，树立注重创新价值、能力、贡献的人才评价导向，激励人才扎根一线建功立业。鼓励各地创造更多发展机会，在县乡公务员遴选和企事业单位招聘中，进一步加大乡村人才比例，拓宽乡村各类人才职业发展空间。鼓励各地加大农业农村人才创业扶持力度，在进修培训、项目审批、信贷发放、土地使用、税费减免等方面给予优惠政策。逐步建立健全符合农业农村人才特点的知识产权保护、争议仲裁、公益性成果经济利益分享等制度，鼓励创新创造，保护农业农村人才合法权益。

（九）《人才规划》中强化组织保障的措施

《人才规划》中就强化组织保障提出了意见：

1. 加强组织领导

各地要将农业农村人才发展作为实施乡村振兴战略的重要任务，建立健全党委统一领导，组织部门指导、党委农村工作部门统筹协调、相关部门分工负责的农业农村人才工作联席会议制度，及时研究和解决农业农村人才队伍建设工作中的重大问题。健全中央统筹、省负总责、市县乡抓落实的农业农村人才工作领导体制，强化地方党委和政府主体责任，形成职责清晰、分工负责、合力推进的工作格局。

2. 严格考核评估

完善规划实施监测评估机制，加强规划实施情况年度监测分析、中期评估和总结评估全过程管理。建立健全跟踪考核机制，把规划实施情况纳入农业农村工作实绩考核，将考核结果作为干部选拔任用、评先奖优、问责追责的重要参考，压实规划实施责任。建立规划实施动态督促检查机制，分阶段进行跟踪、评价、反馈和调整，综合分析、研究解决规划实施过程中出现的新情况新问题，确保完成各项目标任务。

3. 强化协作配合

农业农村部充分发挥对规划实施的统筹、协调、指导和服务作用，各省（自治区、直辖市）农业农村部门要结合实际，编制农业农村人才队伍建设发展规划或实施方案。各级农业农村部门要积极协调组织、人力资源社会保障、财政、金融、税务、自然资源等相关部门，为农业农村人才发展创设优惠政策、开设绿色通道，在资金投入、信贷支持、土地使用、职业发展等方面加大支持力度。

4. 完善基础支撑

组织开展农业农村人才发展理论与规律系统研究，发布年度农业农村人才发展报告，举办农业农村人才发展论坛，搭建政府、市场、社会、人才等多元主体共同参与、建言献策、凝聚共识的交流平台。搭建农业农村人才数字化平台，建立由中央统筹设计、各地建设运维的全国农业农村人才数据库，开展分级分类监测，为农业农村人才培育、管理、使用、服务、流动等提供精准化、系统化数据基础。

5. 营造良好环境

鼓励开展农业农村人才工作典型选树活动，大力宣传各地农业农村人才工作典型经验、创新做法和积极成效。通过优秀人才评选、创业大赛、职业技能竞赛等途径，选树一批农业农村人才先进典型，按照规定给予表彰奖励和政策扶持，引导更多人才到乡村广阔天地发展兴业，在全社会营造重视、关心、支持农业农村人才发展的良好氛围。

第二节　乡村人才振兴之云南政策

一、《关于加快推进乡村人才振兴的实施意见》

（一）《关于加快推进乡村人才振兴的实施意见》出台的背景和意义

2021 年 12 月 6 日，为了坚持和加强党对乡村人才工作的全面领导和全方位培养乡村振兴所需各类人才，深入学习贯彻习近平总书记关于新时代人才工作的新理念新战略新举措和推动乡村人才振兴的重要指示精神，全面贯彻落实《中共中央办公厅 国务院办公厅印发〈关于加快推进乡村人才振兴的意见〉的通知》精神，结合云南省实际情况，中共云南省委办公厅、云南省人民政府办公厅印发了《关于加快推进乡村人才振兴的实施意见》。

乡村振兴，关键在人。长期以来，云南省乡村人才总量不足、流失严重、素质偏低、结构失衡、活力不足、利用不充分等问题较为突出，随着三农工作重心历史性转向全面推进乡村振兴，乡村人才供求矛盾愈加凸显。而《关于加快推进乡村人才振兴的实施意见》对培养、引进、管理、使用、激励乡村振兴所需各类人才提出了针对性举措，为云南省全面推进乡村振兴、加快农业农村现代化提供有力的人才支撑。

（二）《关于加快推进乡村人才振兴的实施意见》的主要内容

从《关于加快推进乡村人才振兴的实施意见》的内容来看，可划分为两个板块，分别是乡村人才的培养和乡村人才振兴体制机制的健全。对于乡村人才的培养，该文件共对农业农村产业发展人才、乡村公共服务人才、乡村治理人才以及农业农村科技人才这四类人才提出了相关培养措施和建议。对于乡村人才振兴体制机制的健全，该文件分别从健全鼓励机制、建立评价体系、健全培养体系以及强化保障服务四个方面提出了相关措施和建议。

（三）云南省加快农业农村产业发展人才培育的现状

1. 高素质农民队伍建设现状

云南省不断推进高素质农民培育，积极探索加快促进高素质农民培育与职业教育有效衔接，提升办学能力和师资队伍建设。虽然在提升教育培训质量和效果上取得了一定效果，但是一些难啃的“硬骨头”依旧存在，制约乡村人才建设。云南仍是后发展和欠发达地区，高素质农民队伍建设规模不大、层次不高、结构不优、没有形成持续推动农业发展的力量源泉。虽然政府部门大力支持云南省乡村人才建设，但是乡村劳动力低龄化、老龄化，从业人员文化素质低等问题依然突出，后续农民教育培训效果不理想也限制了农业农村产业发展人才队伍建设。

其中，农民职业培训最突出的几个问题是：

（1）培训投入资金有限，教育资源相对分散，难以形成合力。

（2）培训内容单一、内容缺乏针对性，离农民的生产需求还有很大差距。

（3）培训基础条件差。云南省山地占比较大，信号接收能力弱，加之缺乏相应的农业培训设备，群众远程教育培训和现场培训质量不理想。

（4）农民职业思想转化难度大。我省劳动力水平不高，农民综合素质偏低，思维固化，难以接受和理解农民职业教育和现代农业发展需要之间的重要关系。

2. 农业农村创业创新带头人现状

农村创新创业带头人饱含乡土情怀，具有超前眼光、充满创业精神、富有奉献精神，是带动农民致富的农村企业家。近年来，省委、省政府高度重视农业农村创新创业带头人的培育工作，农村双创环境持续改善，广袤的乡村正在成为返乡入乡创新创业的热土。农业农村创新创业带头人规模不断扩大、创业层次明显、乡土特色愈加鲜明、科技水平不断提升、带领农民增收致富能力逐步增强。然而，从基层实践情况来看，云南省农业农村创新创业带头人培育行动成效与东部发达省域有较大差距，农业农村带头人返乡入乡创业创新面临困难和难点。

（1）创业项目难落地。云南是典型的高原山区，各市（县）域间地貌差异较大，存在创业项目可复制程度低、难迁移的情况，一些当地具有代表性的、效果较好的农村创业项目由于地形、地貌等自然条件的不同，难以大规模推广，项目难以实施，造成资源浪费。

（2）缺乏相关创业要素。云南农村地区发展不均衡不充分问题较为突出，常常陷入“有资源的地方没资金、没资源的地方难发展、能发展的地方缺项目、有项目的地方缺资源”的尴尬境地。大多数创业者想创业，但是由于缺信息、缺技术、找不到服务机构最后只能不了了之。加之创业用地难“拿”，很多创业项目需要一定的建设用地，但是获得建设用地的成本高，审批困难、烦琐等问题导致项目创业错过最佳投资期。

（3）创业金融服务支持力度不够强。针对农业农村创业创新带头人的金融政策不够完善，带头人贷款融资渠道不够畅通，创业资金难筹，后续发展动力不足。

3. 农村电商人才现状

云南的电商人才队伍建设效果不佳，在2021年中国社科院信息中心评选的全国电子商务发展指数排行榜单上，云南省排名处于第30位。从排名看，不得不思考制约云南电商发展的最大瓶颈以及解决这些问题的出路。

（1）人才难求。很多创业项目，在创建之初，组建团队困难，难以招聘匹配人才。同时，企业内部有电子商务从业经验的人才屈指可数，很多从业人员入职以后，需要公司自己培养，从头开始。总的来说，电商人才在云南省部分企业内部配置较弱，在国内市场上发挥的效果更是微乎其微。

（2）部分企业对电商的理解不够到位，认知不够深入。一些企业对电商的重视程度还不够，虽然很多云南的企业家认为云南的企业自身应该发展电商，但是在实际运行过程中，并未落实到位，只是把电商当作相对边缘的部门来看待，重视程度不够。影响云南电商发展的因素远不止这些。尽管云南省的电子商务发展状况参差不齐、存在差异，但一些电商企业已经有所行动。这一时期，需要政府多一些“雪中送炭”的政策，政府可以出台一些地方性的针对电子商务发展的优惠政策，给予电商人才发展支持，作出更科学的统筹计划，建立更系统的服务体系。

4. 乡村工匠现状

全国乡村工匠老龄化加剧，年轻工匠青黄不接现象严重，云南也不例外。现代化工艺逐步向农村渗透，提高了生产效率，却也面临着传统手工艺濒临失传的问题，乡村工匠再就业困难问题更为突出。因此，要重点支持、宣传和保护乡村传统工艺，推进全民保护特色传统文化，为乡村工匠营造良好社会发展环境，重塑乡村工匠的自信，壮大乡村工匠人才队伍。

（四）云南省加快推进乡村公共服务人才发展的意义

乡村公共服务人才是推进城乡均等化的核心力量，城乡一体化的建设离不开大量乡村公共服务人才的支持。云南省在推进乡村公共服务人才建设中，加快提升乡村公共服务人才的专业服务能力，吸引公共服务人才提高农村地区公共服务水平，以“补短板、强基层、保民生”为工作主线，积极主动开展乡村公共人才服务能力建设，确保实现乡村公共服务能力供给均衡。并通过实施各类乡村公共服务人才培养工程，多点发力夯实乡村公共服务人才队伍建设。坚持把筑牢乡村公共服务人才基础放在首要位置，大力培养乡村公共服务建设人才。乡村教师、医生、导游、建筑师等行业队伍人员迅速扩大，公共服务人才队伍建设成效显著。云南公共服务人才自主培养能力增强，推动乡村公共服务人才为乡村发展提供有力支撑，这些对于全面推进乡村振兴，加快农业农村现代化、城乡融合发展等具有重要意义。

（五）云南省加快推进乡村治理人才建设面临的问题

新发展时期，推进乡村振兴实现，乡村治理人才是关键。要明确乡村治理是社会治理的重心所在，乡村治理离不开乡村治理人才队伍建设。不断加强乡村治理人才队伍建设，使乡村治理人才充分发挥乡村基层人才的作用，成为乡村加速发展致富以及乡村建设的“助燃器”，才能进一步激活乡村基层发展致富的“造血”功能。

长期以来，云南省始终面临发展不平衡不充分的问题，而推进人才振兴是新发展时期云南省缩小城乡差距，切实解决云南省发展不平衡不充分问题，促进乡村振兴的关键一环。因此，要切实推进人才振兴，更要掌握乡村人才中的各类人才面临的问题，这其中要重点把握乡村治理人才面临的问题：

（1）乡村治理人才体量不足。云南作为我国乡村振兴的重要场域，在发展过程中，受教育总体水平相对落后、产业发展相对落后以及自然环境相对严峻的制约，乡村治理人才外流情况显著，人才留住难度较大，乡村治理人才流失情况不容乐观，乡村治理人才振兴呈现“心有余而力不足”的状态。

（2）乡村治理人才思想意识不到位。乡村社会治理人才是推动乡村治理现代化，是实现城乡共同发展的重要力量，是带领群众发展，促进乡村振兴的主要力量之一。但是在城乡推进过程中，部分乡村治理人才依旧存在政治站位不够高、认识不到位、法治意识淡薄、发展理念落后等现状，制约了乡村振兴的发展与最终实现。

（3）乡村治理人才培养力度不够强。部分地区社会工作服务站不健全，政府购买社会服务，强化乡村治理人才能力力度不够，社会工作人才为乡村治理服务强度不够，乡村治理人才接受高等职业教育推进不够显著，积极参与社会工作职业资格考试和各类教育培训人数较少。

（六）云南省加快推进农业农村科技人才建设的背景及意义

人才兴，则农业农村兴。云南省第十一次党代会提出，要以农业产业化和农业科技引领农业现代化。其中重点强调了农业科技对于农业现代化的重要性。新发展时期，要抓好农业发展，其关键在于做好核心技术攻关，促使农业科学技术创新与推广应用跨上新的发展台阶，而要实现这一切的重点在于培养农业农村科技人才。从云南省的农业农村科技人才发展总体来看，云南省面临与全国相同的农业科技人才发展问题，即农业农村科技人才不足、质量不优、结构不合理、断层等问题。

为了有效解决这些问题，补齐云南省农业农村人才数量不足短板，改善提升云南省农业农村科技人才质量，优化云南省农业农村科技人才结构，切实解决云南省科技人才断层现状，云南省从培养农业农村高科技领军人才、培养农业农村科技创新人才、培养农业农村科技推广人才、发展壮大科技特派员四个层面提出加快推进农业农村科技人才建设，切实为云南省农业农村高质量发展提供了人才支撑，且具有以下意义：

①充分体现出农业农村科技人才对于乡村振兴的重要性。

②为乡村振兴战略和农业农村现代化的实现提供了保障。

③快速推进了农业农村科技创新能力的发展，为新型农业现代化提供了助力，成为提升农业农村现代化水平的关键。

（七）《关于加快推进乡村人才振兴的实施意见》提出的具体措施

1. 对加快培养农业农村产业，发展人才提出了相关实施意见

解决农村、农民问题，发展农村产业是关键。农村产业的发展对于改变农村贫困的面貌，提高农民的生活水平，推动农村发展，促进我国乡村振兴的高质量发展有重要的意义[①]。加快农业农村产业发展人才的培育。

（1）要培养高素质农民队伍。从农民集中培训出发，深入落实好现代农民培育计划，对于符合条件的农民，组织参加职业技能鉴定、等级认证竞赛等，利用多种技能评价对农民技能进行认证。抓好对农民的相关培训工作，提升他们的综合素质。

（2）要培育家庭农场经营者、农民合作社带头人。鼓励各类人才创办领办家庭农场、农民合作社，加强家庭农场经营者、农民合作社带头人培训，以提高农民的自主经营能力。

（3）要培育农业农村创业创新带头人。政府相关部门要从创业企业面临的现实困境出发，统筹落实好相关创业担保贷款贴息、政府性融资担保等创业创新扶持政策，为符合条件的农村创业创新带头人提供支持。以优惠的政策条件为创新创业带头人提供便利，为农村农业现代化的发展提供强大推动力。

（4）要加强农村电商人才培育。开展短视频、网络直播等电子商务新业态新模式实践

① 王立英：《实施乡村振兴战略推动农村产业发展》，《中国集体经济》2021 年第 27 期，第 1-2 页。

操作培训，加快农村的数字化发展，促进农村销售经营管理模式的现代化，加快提升农村经济发展。

（5）培育乡村工匠。实施万名传统技艺名师培训计划，培育乡村优秀传统技艺人才。不仅让乡村传统技艺得以流传，还能带动乡村特色手工业的发展。

2. 对加快培养乡村公共服务人才提出了相关实施意见

城乡基本公共服务发展不平衡是城乡发展不平衡中最突出的表现，公共服务是乡村发展的明显短板，主要体现在基本公共教育、基本医疗卫生、基本公共文化体育、基本社会服务等方面。

加快乡村公共服务人才培育的措施：

（1）要加强乡村教师队伍建设。加大公费师范生培养力度，落实好乡村教师生活补助政策，以提高相关福利待遇为基础条件，鼓励更多优秀教师加入乡村教师队伍之中。

（2）要加强乡村卫生健康人才队伍建设。完善乡村基层卫生健康人才激励机制，落实职称晋升和倾斜政策及乡村医生各项补助，逐步提高乡村医生收入待遇。加强乡村基层卫生人才在岗培训和继续教育，提升乡村医疗设备数量和质量。加大乡村医生的政策支持力度，吸引更多人才为乡村卫生健康事业服务。

（3）要加强乡村文化旅游体育人才队伍建设。要推动文化旅游体育人才下乡服务，完善扶持政策，培养一批乡村文化志愿者、非遗传承人和乡村旅游示范者。鼓励体育专业师生、体育科研人员参与乡村体育指导志愿服务，以此加强乡村文化旅游体育的建设，提升乡村的精神文明面貌。

（4）加强乡村规划建设人才队伍建设。实施乡村本土建设人才培育工程，加强乡村建设工匠培训和管理，提升农村环境治理、基础设施及农村住房建设管护水平，以此加强乡村规划建设，优化乡村建设布局，打造环境优美的乡村。

3. 对加快培养乡村治理人才提出了相关实施意见

推动乡村振兴需要推进乡村治理能力和治理体系的现代化，我们要从多元化的角度看待乡村振兴，从善治的角度看待乡村治理。而乡村人才在提高乡村治理水平，解决乡村治理问题以及创新乡村治理模式中起到至关重要的作用。

（1）加强乡镇党政人才队伍建设。选优配强乡镇领导班子，完善县级以上机关年轻干部在农村基层培养锻炼机制，有计划地选派县级以上机关有发展潜力的年轻干部到乡镇任职、挂职。强化农村基层管理建设，为乡村振兴事业的推进打好坚实基础。

（2）推动村党组织带头人队伍整体优化提升。坚持把政治标准放在首位，注重从本村致富能手、外出务工经商返乡等人员中的党员里培养选拔村党组织书记，加强村级后备力量的培养，健全完善村干部待遇保障机制。确保村党组织带头人的能力与作用，以保障乡村振兴推进的高效高质量。

（3）加强农村社会工作人才队伍建设。加快推动乡镇社会工作服务站全覆盖，加大政府购买服务力度，大力培育社会工作服务机构，吸引社会工作人才提供专业服务，提高乡村社会服务能力，加快促进城乡社会服务水平的平衡。

（4）加强农村经营管理人才队伍建设。加强农村集体经济组织人才培养，完善激励机制，优化农业产业经营管理模式，促进乡村经济水平的提高。

（5）加强农村法律人才队伍建设。加强乡村法律服务人才培训，加大执法人员培训力度，健全完善农村基层法律服务机制，促进乡村法治社会的发展，稳定乡村社会的和谐。

4. 对加快培养农业农村科技人才提出了相关实施意见

农业农村科技人才是推动乡村振兴的重要力量，科技创新是促进农村农业改革，推动农业农村现代化发展的根本动力，乡村振兴迫切需要科技创新的助力。

（1）培养农业农村高科技领军人才。引导高等院校、科研院所及产业领域企事业单位的专家人才到农村开展科技创新、产业培植、科技成果转化及人才培养，加快科技的创新、成果的转换以及后备人才的培养，为农村产业的快速转型升级提供动力。

（2）培养农业农村科技推广人才。深化农技推广体系改革，完善公益性和经营性农技推广融合发展机制，提升农民农业知识技能，促进农业产业发展。

（3）发展壮大科技特派员队伍。拓宽科技特派员的选派渠道和专业领域，形成多层次、多渠道的科技特派员选派机制，助力乡村发展特色产业，打造乡村特色品牌。

5. 对建立健全乡村人才振兴体制机制提出了相关实施意见

乡村人才振兴体制机制的健全有助于全方位发挥人才的作用，为推动乡村振兴的进程和农业农村的发展提供保障以及为打破城乡二元结构提供动力。

（1）健全乡村人才培养体系。加快发展面向农村的职业教育，完善高等教育人才培养体系，全方位培养乡村振兴所需各类人才，为农村人才队伍储备后备军。

（2）强化乡村人才振兴保障服务。加强乡村人才振兴投入保障，支持涉农企业，加大乡村人力资本开发投入，加强人才服务平台建设，为乡村人才提供政策咨询、职称申报、项目申报、融资对接等服务。只有为乡村人才提供良好的发展平台和保障服务，才能让乡村人才更好地发挥其自身价值。

（八）《关于加快推进乡村人才振兴的实施意见》的突出特点

1. 强化政策集成

紧紧围绕巩固拓展脱贫攻坚成果同乡村振兴有效衔接、加快推进农业现代化、大力实施乡村建设行动等重点工作，聚焦促进农业农村产业发展人才、乡村公共服务人才、乡村治理人才、农业农村科技人才等各类人才投身乡村振兴。把近年来云南省各部门在乡村人才工作方面大量行之有效的政策、经验、做法系统集成，并提出针对性措施，进一步增强乡村人才振兴政策的权威性。

2. 强化制度保障

强调要建立健全乡村人才振兴体制机制，对各类人才定期服务乡村、鼓励人才向艰苦边远地区和基层一线流动、统筹使用县域专业人才和乡村人才分级分类评价、健全乡村人才培养体系等方面，提出可操作的具体措施，同时强化投入、管理、激励等保障服务。

3. 强化责任落实

《关于加快推进乡村人才振兴的实施意见》明确提出，各级党委要将乡村人才振兴作为实施乡村振兴战略的重要任务，建立党委统一领导、组织部门指导、党委农村工作部门统筹协调，相关部门分工负责的乡村人才振兴工作联席会议制度，把乡村人才振兴纳入人才工作目标责任制考核和乡村振兴实绩考核，明确责任分工，形成工作合力，确保各项任务不折不扣落实。

二、“干部规划家乡行动”

（一）“干部规划家乡行动”的背景及意义

2021 年 5 月，云南省为进一步落实中央和省委农村工作会议精神，贯彻新发展理念，构建农村新发展格局，推动农村高质量发展，巩固拓展脱贫攻坚成果，接续推进乡村振兴战略，全面提升全省村庄规划编制水平，建设美丽宜人、产业兴人和的社会主义新农村，省委组织部、省委宣传部，省自然资源厅、省发改委等 9 家部门联合印发《关于开展“干部规划家乡行动”的通知》，在全省范围内广泛动员国家公职人员深入基层为民办实事，服务基层发展，充分发动和依靠群众，编制“多规合一”的实用性村庄规划，促进乡村振兴。

“干部规划家乡行动”是抓党建促乡村振兴的重要内容，是推进乡村建设行动的有效抓手，是“我为群众办实事”的生动实践，是锤炼干部能力作风的有效平台。家乡要美丽，规划需先行。云南省“干部规划家乡行动”的启动，对千千万万心系家乡、情系家乡，迫切想要回到家乡参加规划行动，为家乡谋出路谋发展谋幸福的干部提供了有效路径。并且，通过规划，对于打造各具特色、风格各异的美丽村庄，提升基层党建，做到乡村治理有效，改善人居环境和优化产业布局等具有重大意义。

（二）《关于开展“干部规划家乡行动”的通知》的逻辑解读

《关于开展“干部规划家乡行动”的通知》先是明确了行动目标，行动自 2021 年起，利用 3 年时间，按照 2021 年底前完成 30%、2022 年底前完成 40%、2023 年完成其余 30% 的计划，完成全省行政村、农村社区村庄规划编制。通过规划，打造各具特色、风格各异的美丽村庄，实现基层党建有提升、村庄发展有目标、产业发展有布局、耕地保护有实效、重要项目有安排、生态环境有管控、自然景观和文化遗产有保护、农村人居环境有改善、乡村治理有成效：

（1）明确了规划范围，包括城镇开发边界以外的行政村、农村社区。

（2）明确了参加主体，是出生地或成长地在云南农村地区的在职在编机关企事业单位公职人员，而其他公职人员则由所在单位统筹安排。

（3）明确了规划编制的方向，在编制过程中要围绕巩固拓展脱贫攻坚成果、接续推进乡村振兴的目标要求和群众所想所盼。

（4）明确了要严格规划成果，对于规划结果要进行严格审查、表决和审批。

（5）明确了行动方向，各地要把村庄规划作为开展国土空间开发保护活动、实施国土空间用途管制、核发乡村建设项目规划许可、进行各项建设等的法定依据，推动“十四五”规划实施，确保乡村振兴始终沿着正确的方向发展。

（三）《关于开展“干部规划家乡行动”的通知》的具体措施

1. 在人员组织上

各地要以行政村为单元组建规划编制组，组长原则上由村党组织书记担任，回乡规划编制牵头人担任副组长；成员可由回乡规划干部、驻村第一书记和工作队、村“两委”成员、规划技术人员、党员群众代表、致富带头人等组成。市县自然资源部门和乡镇要成立联络服务站，统筹做好干部回乡规划联络服务保障工作。

2. 在规划编制和资金筹集上

（1)在规划编制上,发改、财政、农业农村、住建、扶贫等各有关职能部门要加强指导服务，合力推进规划编制工作。同时鼓励规划技术单位、专业院校相关师生、规划技术人员积极参与村庄规划编制，支持鼓励社会力量参与村庄规划、建设和运营管理，助力乡村振兴。

（2）在资金筹集上，各地可通过纳入财政预算、部门统筹、村级自筹、接受社会捐赠等多种方式筹集资金，做好规划成果表达、数据处理、图形入库等技术服务，组织规划编制实施。

（3）在参与主体实践过程中强调，回乡规划干部要把“干部规划家乡行动”作为党史学习教育“我为群众办实事”的重要实践活动，在开展村庄规划的同时，重点关注农村易返贫致贫人口监测、贫困人口就业、乡村特色产业发展、农村人居环境整治、乡村治理、基层党建等工作，充分听取群众意见建议，切实解决基层“急难愁盼”的现实问题。

（四）云南省 “干部规划家乡行动”所要解决的问题

“干部规划家乡行动”成果，是推动乡村振兴战略实施的重要助燃器。 “干部规划家乡行动”为改变乡容乡貌，建设美丽乡村建设提供了有利机遇。云南“干部规划家乡行动”的开展，为在体制内的干部提供了为家乡做贡献的机会，为激活乡村发展的内生动力提供了重要支撑。虽然云南“干部规划家乡行动”持续发力，效果显著，但是仍有一些问题亟待解决：

（1）长期以来，村庄规划一般都通过外包的形式，邀请第三方企业参与村庄发展规划的编制，这就导致了很多规划项目难以落地，导致了村庄规划建设不合理的同时造成了乡村资源的浪费。由于投入不足，第三方服务机构往往不会耗费大量人力、物力和财力在前期调研工作上，往往“走形式、走过场”，有些甚至直接省略实地调研环节，未能脚踏实地展开调研工作，采取村庄规划统一模板、样式，导致各村村庄规划“千村一样”，严重脱离当地实际，未能体现当地乡村特色，难以发挥当地特色文化价值。

（2）部分村庄本土技术人员对“多规合一”的掌握和利用程度不深，具体从基层实践来看，很多技术人员自我认知不足，以自我为中心，在规划中容易忽视群众意见，且没有因地制宜，将规划同村庄的具体实际结合，致使项目实施受阻，最终影响村庄发展。“干部规划家乡行动”正好汇聚乡村建设人才，为制订切实可行的村庄规划提供了人力和智力保障。

（五）推行“干部规划家乡行动”注意事项

2021 年，云南省开展了“干部规划家乡行动”，要求完成全省行政村、农村社区村庄规划编制，助推振兴“加速跑”，助力云南五大振兴建设。云南的“干部规划家乡行动”最突出的一点是让干部参与家乡建设、让干部回乡出谋划策，使得家乡更有特色。但是在“干部规划家乡行动”的具体实践中，各干部要注意自身工作作风建设、能力提升以及权力监督，切实为家乡建设贡献力量。

1. 注意干部工作作风建设

“干部规划家乡行动”制订的初衷是鼓励广大干部参与村庄规划，助力乡村振兴，但是一些干部参与“干部规划家乡行动”仅是由于上级指标任务，在参与过程也存在形式主义，参与敷衍、不认真履职，致使村庄规划效果不显著，群众认可度低，因此在“干部规划家乡行动”的过程中，相关干部要更加注意自身工作作风，起好带头作用。

2. 注意干部自身能力提升

从干部的经历上来看，并非所有的干部都有乡村规划经历，尽管很多干部是出于对家乡建设的热忱而参与乡村规划，然而由于没有接受过专业培训，参与“干部规划家乡行动”的想法不多，不能为家乡规划建设提供建设性的意见，在一定程度上造成人才资源的浪费、闲置。因此，在行动过程中，要注意强化干部自身能力，提升规划能力，为乡村规划建言献策。

3. 注意公职人员的权利监督

（1）由于都是公职人员参与规划，一部分公职人员可能会陷入权力的隐形腐败，影响规划的具体进程，不利于乡村建设。部分干部群体由于岗位属性特殊、社会关系复杂等原因，导致手中掌握一些关键流程的审批权，在参与规划中通过“开后门、走捷径”来攫取利益，造成了大量惠农资源的浪费和政府公信力的下降。

（2）一部分干部“动机不正、心思不纯”，试图通过回到家乡参与规划，进一步扩宽自生的“政治道路”，试图通过收受贿赂等行为“拉拢”政府官员，以至于“干部规划家乡行动”悬浮表面，造成很多有理想的干部陷入有为家乡奉献的心，无为家乡办事的力的尴尬境地，严重阻碍了乡村建设进程。因此，要注意对公职人员的权利进行监管。

三、“万名人才兴万村”行动

（一）云南“万名人才兴万村”行动实施的背景及意义

2021 年 5 月，云南省委组织部印发了《“万名人才兴万村”行动方案》，启动云南“万名人才兴万村”行动。此次行动将结合深化村级集体经济强村工程和乡村振兴“百千万”示范工程，预计将用 5 年时间，在全省范围内组织 1 万名各类人才结对服务 1 万个行政村（含社区），来实现选派人才支持服务全覆盖，并充分发挥专家智力、资源优势。通过定向服务、人才项目引领、借力合作支持等方式，助力现代农业发展、集体产业壮大、乡村文化繁荣、乡村基层治理和生态宜居建设，助推全市乡村产业、人才、文化、生态和组织全面振兴。

“万名人才兴万村”行动是乡村人才振兴的主要内容，加快推进“万名人才兴万村”行动对于培育一支懂农业、爱农村、爱农民的“三农”工作队伍，巩固拓展脱贫攻坚成果，助力乡村振兴，提供人才支撑具有重要的意义。云南“万名人才兴万村”行动的实施，在集中人才资源、激发乡村人才活力的同时，还促进了乡村农业发展、产业壮大、文化繁荣。

（二）“万名人才兴万村”行动的具体内容

1. 细化了人才服务内容

行动要紧紧围绕“乡村振兴、产业兴旺、生态宜居、乡风文明、治理有效、生活富裕”的要求，来转化一批农业科技成果，打造一批生态示范乡村，培树一批乡村文化品牌，培养一批乡村治理人才，培育一批村集体经济项目。

2. 对“万名人才兴万村”行动选派人才作出细致要求

选派的人才要具有专业的学术背景、扎实的业务能力、服务基层的良好意愿以及良好的身体素质，并且能够适应基层的工作和生活环境。

3. 要求从乡村实际需求出发选派人才

行政村（含农村社区）需求清单要与选派人才服务清单“一一对应”，各单位要从筛选的村（社区）的实际出发，定方向、定专业、定产业选派人才。并且通过对接人才和服务村，梳理帮扶需求，形成帮扶专家“资源清单”和所服务村“需求清单”，构建“组织部 + 专家 + 服务村”的联动体系。并且为了保证行动效果，《“万名人才兴万村”行动方案》还对选派人才的服务期限作出了相应规定，要求驻村选派人才服务期限一般不少于 2 年（1 年期满自动转为第二个年度服务周期），到期轮换、压茬交接。

（三）推动“万民人才兴万村”行动实施的措施

1. 要多措并举让更多干部自愿加入行动队伍

开展农业农村各类人“回报家乡”的专项行动。以乡愁为纽带吸引、鼓励人才参与“万民人才兴万村”行动。充分发挥各类“新乡贤”熟乡情、重亲情、懂管理、善经营、受尊重等优势特点，完善参与措施，促进“新乡贤”加入行动队伍。同时利用相关政策积极引导其他类型人才参与“万民人才兴万村”行动，推动一二三产业融合，助力五大振兴。

2. 要大力宣传，营造“万民人才进万村”的良好氛围

通过多种措施大力宣传“万民人才进万村”活动的目的、意义和活动内容，使“万民人才进万村”活动家喻户晓，让当地村民自愿积极配合行动的实施，提高行动效率。

3. 要加强交流、督导与督办等机制，为推行“万民人才兴万村”行动奠定制度基础

乡镇各部门要加强沟通联系，让沟通对接常态化。同时，加强督导督办传导压力，整合基层力量，营造良好的工作氛围，构建长久有效的机制建设，为行动的推进奠定良好的基础。

4. 要统筹兼顾、分类施策

要了解“万民人才兴万村”行动的推进状态，重视群众需求，积极调整结对帮扶策略。要在工作中用真情、出真力，见真效，把“万民人才兴万村”与乡村振兴结合起来，解决老百姓最关心、最关注，利益最相关的问题。

（执笔人：张晋豪　赵丽　谭鑫）

第四讲　现状之讲

第一节　云南乡村人才振兴的现状

习近平总书记在多次会议中强调人才振兴在乡村振兴中的重要性，人才振兴是乡村振兴的核心，是合理配置人力资源的必然要求。进一步优化人力资源配置对于推动农业农村现代化具有重要意义。在推进乡村振兴战略的大背景下，中共云南省委、云南省人民政府积极统筹部署，各州（市）、县等在乡村人才队伍建设中积累了宝贵经验。然而，各地推进人才振兴仍然面临诸多现实问题。

一、乡村人才总量不足

当今世界，社会不断变革，优秀人才正日益成为国家、地区、组织参与竞争的稀缺性资源。云南作为一个边疆、民族、山区的欠发达省份，在推进乡村人才队伍建设过程中由于人才总量不足制约了云南地区经济的发展。

（一）农村高素质人才不足

根据国家统计局数据统计，全国农村人口从 2010 年的 67113 万人减少到 2021 年的 50979 万人，与 2010 年第六次人口普查数据相比，城镇人口比重上升 14.2%。云南省农村人口从 2010 年的 3000.1 万人减少到 2021 年的 2358.1 万人，农村人口下降显著。目前，云南省农民工数量 964 万人，占全省农村劳动力人数的 46%。其中，本地农民工 361.30 万人，比上年增加 23.51 万人；外出农民工 602.83 万人，比上年增加 5.90 万人。传统农业生产力低下，粗放分散的小农经营方式无法带来较高的经济利益，农业生产科技含量较低，难以带来更多的剩余价值，大量青年劳动力向城市转移，高素质人才更是大量流向城市，乡村“空心村”

成为常态，一些偏远农村地区甚至出现人才“饥荒”。在乡村留不住人才的情况下，乡村振兴战略也谈不上推进了。

（二）乡村各类实用人才不足

随着乡村振兴的不断推进，农民培训教育、技能提升活动的常态化开展，我省乡村人才队伍建设取得了一定的成绩。云南省技能人才逐年增长，截至 2021 年上半年，云南省技能人才数量达到 390 万，高技能人才数量达到 119 万。光看这个数据还是比较客观的，但是具体到生产型、经营型、技能服务型、社会服务型、就业型的人才数量就显得有一些“捉襟见肘”，总量不足制约了乡村人才振兴的进程。以宜良县为例，根据第七次全国人口普查数据显示，宜良县乡村总人口数量达到 17.4 万人，其中乡村实用人才数量仅有 1.2 万左右，占比仅为所有农村人口数量的 7% 左右。在所有的乡村实用人才中，在某一领域颇有建树或者作出巨大贡献的人更是少数。乡村实用人才总量不足，难以驱动乡村振兴。

（三）农业科技人才不足

（1）根据云南省科学技术发展研究院相关数据表明，云南省的科技领军人才主要集中在生物学、环境资源科学领域，高层次人才研究最多的领域是生物医药、大健康和新材料产业等方面。在农业科技领域集中度较低的情况下，我省科技领军人才的人才支撑引领作用发挥较弱。

（2）云南省科学技术发展研究院相关资料显示，云南应用技术研发平台对特色产业的支持度最高的是生物医药行业，对高原特色农业的支持度相对不足、支撑力略显薄弱。而推进高原特色农业高质量发展需要以一定的人力、物力、财力资源和科技应用平台作为支撑，但是云南农业科技人才在获取科技资源方面存在一定不足，科技人才引领作用难以显现。

（四）乡村振兴产业带头人数不足

乡村产业振兴带头人是新技术、新知识的推广者和农村生产生活方式变革的引领者，也是农村创新创业的实践者。然而在具体实践中，受经济发展水平差异和自身发展需求的影响，乡村振兴产业带头人数量急剧下降，影响乡村产业发展水平。

具体表现为：

（1）农村新型农业经营主体少、发展慢。农村新型农业经营主体起步较晚，加之云南省农村人口比重大，落后地区城镇化水平低、农村人口从事的产业单一，非农产业发展十分缓慢。农村劳动力自我发展能力与带动能力不强，导致新型农业经营主体发展速度相对缓慢，制约乡村振兴。

（2）云南农村地区农民整体素质落后，农民的科技水平低、产业发展意识落后成为普遍现象，导致一些地区产业项目难以落地执行。地方产业项目难推广、难落地，打击带头人的积极性，很多乡村振兴产业带头人继而另谋他路，数量降低。

二、乡村人才质量不高

提升农民自身的发展能力对于推动乡村的可持续性发展意义重大，只有做好人才引领全面振兴的大文章，才能进一步激发人才活力。随着乡村振兴的不断推进，中共云南省委、云南省人民政府制定了乡村人才培养的规章制度，乡村人才培养状况一直在改善，但是仍然存在“人才短板”，制约乡村发展。

乡村人才质量不高体现为乡村人才素质不高。人才质量的高低，决定了乡村人才振兴的成效。云南省乡村人才素质整体不强，具体表现为以下两方面：

（一）整体受教育水平不高

现阶段，云南省欠发达地区较多，农业生产、经营人员的受教育程度、整体的文化水平普遍不高。在乡村各类专业人才中，从事农业生产的人数占比较大，这部分人受教育程度整体偏低，综合素质不高，乡村人才整体素质仍然处于一个较低水平。从云南省的整个乡村实用人才队伍建设情况来看，受教育程度为小学及以下的人员占比约为 30%，全国占比约为 40%，与全国各类人才学历结构总体情况相比，有明显差距。

（二）乡村人才整体“老龄化”倾向明显

云南省第三次全国农业普查主要数据公报显示，截至 2016 年，全省农业生产经营人员 1715.1 万人。在农业生产经营人员中，年龄 35 岁及以下的 508.1 万人，年龄在 36 至 54 岁之间的 854.1 万人，年龄 55 岁及以上的 352.9 万人。现代信息快速冲击农村社会，老龄化趋势下的农民群众对于新政策的理解程度往往不够，难以满足现代农业发展的需要。同时，由于长期以来的小农思想禁锢，导致部分农业生产经营人员因害怕因为社会变革而损害自身利益，参与社会治理的积极性不高，乡村治理效率低。

三、乡村人才结构不合理

乡村人才结构不合理是广大乡村普遍存在的问题，严重阻碍了乡村振兴的进程。

（一）人才年龄结构不合理

城镇化的推进加剧了农村“空心化”，留守在农村的劳动生产者大多是没有劳动力的老人、儿童、妇女，统称“386199”留守部队，其突出显示了乡村人才年龄结构的失调，使得乡村本土人才的培育难度加大。

（二）人才区域结构不合理

从地域区域划分，人才流动方向就是资本流动的方向。农村人才分布是以城市为中心向农村扩散。各州（市）、各县域甚至不同的村域，人力资源的分布也不尽相同。简单来说，区域经济发展水平越高、民族团结进步示范程度越高，人才分布就越集中；相反，经济水平越落后，人才外流现象就越严重。云南是典型的欠发达地区，人才资源分散的情况更为严重。

云南的乡村人才队伍中，在党政机关、事业单位和农村社会组织中的工作者占比较大，而这其中人才主要集中在乡域以上地区。

（三）人才学历结构不合理

第七次人口普查数据公报显示，从事生产经营的劳动力文化水平主要集中在小学和初中段，相对来说文化水平低，且农业从业人才学历结构不合理。我国整个农业人才队伍建设中，博士、硕士占比较低，约占 5% 左右，拥有学士学位的人才在整个农业结构中占比只有 25%~30%，从事农业工作的学历比例严重失衡[①]。就云南而言，从事农业技术的人员中，本科生和研究生占比 4.5%，中专生比例仅占 20%，均低于全国平均水平，农业专业人才队伍学历比例失衡现象较为严重。

（四）人才专业结构不合理

现有农村人才中，具备传统农业专业技能的人才较多，充分掌握现代农业，包括农业科学技术、大数据农业、人工智能、生物融合等现代农业学科专业基础知识的较少。现代农业弥补了传统农业学科中的不足，但是由于现代农业起步较晚，掌握现代农业科学、现代农业技术的专业人才较少。同时在现有的大学生队伍中，涉农专业的人才少，其他专业人才多，人才专业结构不合理。

（五）人才职称结构不合理

《2020 年全国高素质农民发展报告》显示，我国有 15% 的农民获得了农民技术人员职称，仅有 10% 的农民获得了国家职业资格证书，其中，获得中、高级职业农民职称的占比较小。在农业科研人员比例中，拥有高级技能证书的仅为少数，其中高新科技和创业能力强的领军人才和推动产业转型升级的人数更是屈指可数，高素质农业科技人员严重缺乏。

四、乡村人才队伍建设不足

促进农业全面升级，推动农村全面进步，实现农民全面发展，需要进一步加强乡村人才队伍建设，发挥乡村人才引领作用。

（一）乡村治理人才队伍弱化

（1）基层干部队伍经历几次更迭后，人员构成参差不齐：①老一辈农村党员干部、基层干部整体年龄较大、学历较低，难以理解乡村振兴中的推行的新政策、新理论，治理过程依然沿用“传统”的治理方法，基层治理理念落后、管理方式陈旧。②新的青年干部常常耗在办公室“做资料、对台账、写新闻、做汇报”，没有较多时间到田间地头、基层一线，接触、了解群众的真实想法，工作内容与实际严重脱节，工作效率难以提升。

（2）农村基层干部工作缺乏活力：①一部分基层干部临近退休，对于工作晋升并没有

---

① 梁兴英：《浅析我国农业人才结构的调整与优化》，《青岛行政学院学报》2002 年第 3 期，第 88-90 页。

太多热情，工作懈怠。②基层乡镇政府大多依赖县、村集体自治，尤其是推进乡村振兴战略以来，县乡政府的政治任务快速增多，农村社会事务复杂，基层干部在忙于处理烦琐的乡村事务的同时还需面对上级政府的考核，长期高压下，部分基层干部出现工作疲软，消极应付工作的状态。加之基层干部工作负担越来越大，收入不见提高，可谓辛苦之外心更苦，“工资不高”“事情不少”“挣不到钱”“加不了薪”“升不了职”还“不被理解”成为基层干部队伍的工作现状。

（3）基层党组织领头人队伍素质整体不高，基层治理水平较低；对现代化科学技术掌握不够，不能适应飞速发展的现代农村社会，部分带头人带领村民致富能力弱，难以高效推进上级党委的工作部署。

总的来说，就是业务基础“薄”，发挥作用“弱”，落实能力“差”，没有扮演好“服务员”“联络员”“协调员”的角色。

（二）乡村公共服务人才队伍存量低

公共服务领域人才引进数量不够，乡村教育人才队伍、乡村卫生健康人才队伍和乡村公共法律服务人才存量较低。

主要原因：①无论是乡村医生、乡村教师还是乡村律师都存在行业壁垒，需要获得相应的资格证书才能有从业资格，提高了从业人员从事相关行业的难度。②现阶段，云南省乡村公共服务人才队伍中有很大一部分工作人员没有“编制”，尽管非在编人员工与正式员工的工作内容一致，但是工资水平相差较大。导致其中一部分“非在编”人员工作积极性不高，出现消极怠工的现象，还有一部分“合同工”因为工资待遇低，继而另谋他路，造成了人员流失。③乡村医生、乡村教师以及乡村律师的工作环境、晋升通道、就业保障等条件远远不如城市，有经验、有资历的从业人员流失到城市的比例较高。

（三）新乡贤作用发挥孱弱

新乡贤是推进乡村振兴的重要力量之一，然而由于各种因素的阻碍，新乡贤参与乡村治理作用还未完全显现，新乡贤发挥功能不全。乡村振兴离不开新乡贤的协助，但新乡贤参与乡村治理与发展面临着很大的挑战。

（1）在实地调研中发现，云南边疆民族地区新乡贤主要参与见效较快的乡村经济建设，而对弘扬乡村道德、乡村文化这类需要投入较多时间、精力的公共服务上参与较少，加之优秀人才流失严重、新乡贤人士在年龄、学历方面参差不齐、新乡贤人士参与乡村振兴的平台缺乏等原因导致新乡贤发挥作用受限。

（2）云南大多数地区新乡贤参与乡村振兴呈现出的特点：新乡贤数量不足且参与乡村振兴的积极性不高；新乡贤定位不明确以及新乡贤间缺乏凝聚力，难以齐心协力参与乡村振兴；新乡贤群体流失严重、回流困难。

（四）驻村工作队伍人才短缺

云南省人民政府办公室印发了《关于加快推进乡村人才振兴的实施意见》中强调建设新

时代人才对于全面推动乡村振兴有重要意义。云南省委、省政府也积极部署，联合各州（市）制定了配套方案，通过选派驻村干部到不发达地区开展基层治理活动，壮大了乡村振兴队伍。然而由于没有建立长效机制，人才短缺的问题仍然没有改善。

（1）由于干部驻村有时间限制，驻村队伍的频繁更换导致驻村工作队伍人员出现一定时间段的短缺。

（2）一部分基层干部把驻村工作当成工作晋升的“跳板”，一旦有机会就通过调任、招考回到城市，往往导致需要一定的时间重新选拔人才，这也造成了驻村工作队伍人员的短缺。

第二节　云南乡村人才振兴困境

人力资源是乡村经济社会发展的第一资源，是推动乡村振兴的关键。乡村人才兴、人气旺，才能推动乡村振兴目标的实现。人力资源是乡村发展的活力来源，但是现阶段农村人力资源存在的困境仍旧制约着乡村发展。

一、乡村人力资本流出严重

农村人力资本包含劳动者数量和质量两个方面[①]。云南省是一个农业大省，农村人力资本对于云南省全面推进乡村振兴意义重大，基于当前发展现状，必须厘清其困境所在。

（一）青壮年劳动力外流显著

2021年，云南省农村外出从业人数为1558.19万人，相较2020年增加42.67万人，乡村地区大量的青壮年外出就业，造成乡村地区人力资本年龄结构上出现不合理的状态。同时，城市地区由于人才保障和社会福利待遇保障相较乡村都具有显著优势，对乡村地区人才来说，具有较强的“拉力”；而农村地区由于基础设施落后，缺少就业岗位，福利待遇保障不完善等对乡村人力资本产生的“推力”大；城乡差异化促使大量乡村劳动力从乡村向城市聚集，使得有技术有文化的青年涌向城市寻求发展，人力资本数量急剧减少，乡村呈现出“老龄化”“空心化”等现象。

（二）优质人力资本外流明显

农村地区要留住优质人才，必须为优质人才提供充足的发展空间、有竞争力的工资福利

① 李海金、焦方杨：《乡村人才振兴：人力资本、城乡融合与农民主体性的三维分析》，《南京农业大学学报（社会科学版）》2021年第6期，第119-127页。

待遇和社会保障等。但是现阶段云南省乡村地区产业发展规模不大，人力资本的投入相对发达地区来说较为不足，同时农村地区高质量人力资本相对于城市来说比重也较低。面对主要以第一产业为主的农村经济发展模式和产业结构，高素质人才具备较好的迁移条件，更加倾向于转移到城市就业。因此，加剧了乡村地区人力资本的结构性矛盾，使得乡村人才紧缺，导致有限的乡村人力资本由于没有发挥作用而使优质人力资本外流[①]。

二、乡村人才需求不匹配

（一）乡村人才专长与乡村需求不匹配

乡村振兴需要产业振兴、文化振兴、生态振兴、组织振兴，而这些振兴都需要人才的振兴。但是现阶段的乡村人才专业技能单一且同质化严重，部分乡村的“土专家”人才专长主要集中在农业生产上，而乡村振兴作为一个整体，其各个环节所需要的人才是多类型、多领域、综合性的，单一专业人才不适应乡村振兴五大振兴的开展和推进，制约乡村振兴进程。如产业振兴需要的是专业技能强且实践经验丰富的专业技术人才，文化振兴需要的是具有文化挖掘能力和开发能力等方面的专业人才，生态振兴则更多的是需要具有生态方面专业知识和管理能力方面的人才等，但是现阶段的乡村，存在着乡村人才专长同乡村人才需求之间不匹配的状况。

（二）高校人才教育与乡村人才就业需求不匹配

乡村振兴需要进一步发挥储备人才优势，但是现阶段涉农人才教育同实际乡村人才就业需求之间存在着不匹配现状，多数农林院校开设的专业并未立足本地区实际发展情况，导致人才输出同实际需求之间出现错位。同时，涉农专业学生更加倾向从事其他类型职务，较少愿意从事基础性的农业生产工作，但是现实却是其他类型职务少，而起“螺丝钉”作用的农业生产工作岗位需求量大，两者之间出现了不匹配。此外，新时代农业农村发展对于专业的复合型人才需求量加大，但是我国的教育却未能紧随产业的发展而与时俱进，存在一定的滞后性[②]，实践技能的培养同现代农业生产直接脱节[③]。

三、乡村人才队伍观念滞后

（一）思想观念滞后

据第七次全国人口普查，云南省乡村常住人口有2358万，占云南省总人口的49.95%，而这其中主要以“留守老人”“留守儿童”为主。因此，村委干部、乡镇干部等乡村人才在

① 程华东，惠志丹：《农业高校助力解决乡村人力资本“短板”的新进路》，《华中农业大学学报（社会科学版）》2020年第6期。

② 曲晓云：《乡村振兴涉农人才短板如何补》，《人民论坛》2019年第36期，第86-87页。

③ 冯超、孟宪生：《涉农人才培养短板在哪》，《人民论坛》2019年第21期，第66-67页。

具体实施上级下发的文件时，往往存在思想认识不到位、观念落后、不作为等问题[①]，没有注重这部分群众的需求。同时，部分领导干部没有充分认识到人才对于乡村的重要意义，忽视人才对于乡村振兴建设的重要性，还是以前传统的生产发展观念，没有与时俱进，缺少创新观念，思维局限于传统的以农补工、以乡补城的旧思想观念中，部分人才缺少主动作为意识，安于现状，观念固化。

（二）文化素养观念落后

由于城乡发展差异化，乡村高素质人才大多选择进入城市寻求发展，造成农村人才素质结构不合理。虽然目前各地都出台相应的政策鼓励村委干部等提升自身学历，提高文化水平，但是真正落实到位的较少，形式化现象明显。部分村委干部参与了学历提升，但是也只是流于表面，并未真正地实际地系统学习相关专业知识，且参与学历提升人员也没有充分认识到专业知识的重要性，没有树立正确的教育观念，仅把学历提升作为其进一步发展的“跳板”，文化素养观念相对落后。

（三）发展观念落后

现有的经济发展致富“带头人”“领头雁”“领头羊”等乡村人才，由于长期在农村且年纪较大或是存在其他问题，接触先进发展观念的机会较少，学习能力较低，思想保守，容易忽视知识和科技的重要性。同时，部分人才在乡村发展中没有充分结合地方发展实际，不注重品牌建设、产业链打造，没有市场意识，在发展乡村经济的过程中主要依靠传统卖家思维，没有转变为买家意识，没有从供给与需求之间的发展现状出发，产品往往缺少竞争力，农业生产与市场需求脱节。

四、乡村人才培养模式不完善

近年来，云南省高度重视乡村地区人才培养工作的开展，出台了相关的政策大力培育高素质农民，强化农村人才队伍建设，如 2021 年出台了《关于加快推进乡村人才振兴的实施意见》，为云南省培养了一批农业农村产业发展人才、乡村公共服务人才、乡村治理人才、农业农村科技人才，取得了一定的成效，但是在人才培养上还存在一些问题。

（一）乡村人才的培育投入力度不够

具体表现在对于乡村人才的培养投入力度不足，强度不够。乡村人才培育工作复杂，需要持续性地投入人、财、物。现阶段，尽管出台了乡村人才振兴的相关政策，但在实际运行中，投入的人、财、物严重不足，制约了人才培育。同时，在人才资金使用上，存在着部分地区资金使用效率不高，资金来源单一，财政拨款不足等现状，这些都成为制约人才发展的要素。

① 董金同、王伟政、王效仿：《昌邑市乡村人才队伍建设存在的问题及对策》，《现代农业科技》2021 年第 3 期。

（二）对乡村基础教育和职业教育不够重视

在基础教育上，多数乡村地区的师资力量较为薄弱，教师人员不足，专业知识不强；在教学设施上，表现为基础教育设施不完善，投入力度不够，城乡差距较大，教学质量呈现出较大的差异性。同时，由于教师福利待遇机制不完善，往往造成大量青年教师的外流。而在职业教育上，存在着职业教育培养力度不足，专业知识技能教育不够，更多重视实践教育，理论培育不足，部分职业教育还存在着针对性不强，没有“因地制宜”，没有有针对性地进行职业教育，创新性和灵活性不够。

（三）人才培养模式创新和服务保障能力不足

没有充分利用地方智力资源（如高等院校和科研院所等）创新人才培养模式，多数是单一的人才培训模式，没有结合实际进行人才培育，理论培养往往占多数，产学研等人才培养模式也没有充分发挥，统筹能力不足。同时在人才服务保障能力上也缺乏完善的人才激励机制、人才保障机制，使得人才保障力度有限，乡村人才流失风险增加。

（执笔人：赵丽　黄丽　谭鑫）

第五讲　路径之讲

人才振兴战略在乡村振兴战略中起关键性的作用，人才队伍是乡村振兴的核心推动力。改变乡村人才流失的局面，优化乡村人才发展环境，并非短时间能完成的，必须强化乡村振兴人才支撑。党的二十大报告明确提出强化现代化建设人才支撑。因此，在全面推进乡村振兴的进程中，要深入实施人才强国战略，推进人才振兴。必须以更加积极、更加开放、更加有效的方式培育各种人才，让各类人才在乡村大施所能、大展才华、大显身手，最终推动乡村人才振兴。

第一节　加快培育生产经营人才

一、大力培育新型职业农民

新型职业农民是一群有较高文化素质，拥有专业的职业技能，有着灵活和开放的思想，且具有强烈的社会责任感和时代观念的人。培育新型职业农民，利在当代，功在千秋。诺贝尔奖获得者、美国经济学家舒尔茨提出："没有世界一流的农民，就没有世界一流的农业[①]。"新型职业农民的培育对于我国传统农业向现代农业的转变起着至关重要的作用，所以我们必须培养新一代爱农业、懂技术、善经营的新型职业农民。在城镇化推进的过程中，乡村"空心化"问题愈发严重，农村劳动力缺失、农民整体素质不高，而实施新型职业农民培育工程对于农业技术的创新、农业生产率的提高、农业的改革和发展起到重要的作用。

① 徐谷波、时允昌、王俊、董克：《新型职业农民培育研究综述》，《安徽广播电视大学学报》2021 年第 2 期，第 11-15 页。

（1）要构建政府主导、多元参与的协同合作机制。发挥政府的主导作用，为新型职业农民教育培训提供资金支持，并且利用政府补贴、税费减免等手段引导农业龙头企业、示范家庭农场建立完善的培育设施，积极参与新型职业农民培育[①]。

（2）要建立和完善新型职业农民参加培训的激励机制。对于接受相关培训教育、具备相应职业能力的新型职业农民给予培训补贴。在现有的农村条件下，新型职业农民除了依靠外力，即政府部门依据相关政策的扶持，还要善于吸收新知识，接受新事物，且注重现代社会的有益元素内在价值的挖掘和重构，这样才有助于传统农业向现代化的转型。

二、培育高素质农民人才队伍

乡村振兴，农民是主体，人才是关键，高素质农民是重要支撑。这里的高素质，不仅仅是文化素质，还要懂技术、善经营、会管理，是整体的综合素质。培育高素质农民人才队伍的目的就在于全面提升农民综合素质，帮助农民转变理念、对接市场和抱团发展，并以高素质引领现代农业高质量发展，助力乡村全面振兴。

（1）培育高素质农民人才队伍，要创新农民教育培训的内容方式。乡政府要努力发展“田间课堂+实训基地”的农业农村实用技术培训模式，完善推进“送教下乡、农学交替、弹性学制”的农民职业教育模式，积极推行“一点两线、四大课堂、全程跟踪”的农民职业培训模式，努力探索“互联网+技能培训”新载体，开发“技能培训通”APP，着力提高教育培训的针对性、实效性、时代性和精准性，办好让农民满意的教育培训。

（2）培育高素质农民人才队伍，要健全农民教育培训体系。充分发挥农广校专门机构的主阵地主渠道作用，有效聚合多方资源力量，构建“一主多元”的农民教育培训体系。同时，充分利用各类教育培训资源，做好农民教育培训宣传，鼓励乡村广大务农人员积极参与农民教育培训。

三、加快培育规模经营主体

培育新型农业经营主体，发展多元化的适度规模经营模式，是增加农民收入、提高农业竞争力的有效途径，是建设现代农业的前进方向和必由之路[②]。规模经营主体，可以通过不同的运作模式，建立健全产业分工、协作和利益联结机制，增加农业产业链的规模经营类型，以及通过土地、劳动力、技术、资本等要素的优化配置，充分发挥多元化的适度规模经营模式在现代农业中的引领作用。全国承包耕地流转面积逐年上升，农业适度规模经营是大势所趋，所以培育规模经营主体带头人是必要也是必需的。当前，云南农村规模经营主体总量不足、实力不强、活力不够，基础设施建设薄弱，不适应规模化发展需求。

---

① 吴兆明、郑爱翔、刘轩：《乡村振兴战略下新型职业农民职业教育与培训》，《教育与职业》2019 年第 27-34 页。

② 牛丽芳、车彩香、牛保凤：《对陵川县农业新型经营主体培育和农业适度规模经营的调查研究》，《农业技术与装备》2019 年第 12 期，第 48-50 页。

发展规模化的农业经营模式，加快规模经营主体队伍建设的关键：①要引导工商资本下乡、支持农村能人发展、鼓励青年到农村创业，培育壮大规模经营主体队伍，提高农村规模经营的发展质量[①]。②要加大政策支持，对产业规模大、服务能力强的农业新型经营主体予以重点扶持，支持规模经营主体的壮大。③要鼓励农民工、高校毕业生、退役军人、科技人员、农村实用人才等创办领办家庭农场、农民合作社，壮大规模经营主体队伍。④要深入推进家庭农场经营者培养，完善项目支持、生产指导、质量管理、对接市场等服务。同时建立农民合作社带头人人才库，加强对农民合作社骨干的培训，提高规模经营主体队伍质量。

四、加快培育农村实用人才

农村实用人才具有一定的经济头脑，在农村经济实践活动中起示范带头作用，在生产、加工、经营方面有一技之长。农村实用人才在促进农村经济发展、带动人民增收致富、优化农业结构等方面发挥着重要的作用，他们是农村农业技术的实践者和示范者，同时也是乡村经济发展所需的人才。要加快农业农村经济发展、推动乡村振兴战略的实现，必须重视加快培育农村实用人才。目前，云南农村实用人才数量不足，乡村第一产业的劳动力输出较多，导致从事农产品加工、销售的关键人才稀缺。且云南农村实用人才整体素质不高，具有较高学历的人才都不愿意留在农村，掌握一定专业技术的农村实用人才学历普遍较低。因此，推进云南农村经济建设，带动农民增收致富，必须要加快培育农村实用人才。

1. 要充分利用、整合教育资源，健全人才培训体系

（1）充分发挥各级培训阵地和农村现代远程教育网络作用，定期组织农村实用人才集中培训，进行政策、实用科技知识辅导，提高素养。

（2）通过“走出去与引进来”的方法，组织农村实用人才外出学习现代化农业技术，拓宽视野，实现思维转变，回乡进一步加快农业农村经济发展。

2. 强化激励措施

对农村实用人才实行“三优先”政策，并在创业培训、项目审批、信贷发放等资源要素上给予重点支持，为农村实用人才创造良好的成长环境。

3. 强化保障措施

对生活有困难的农村实用人才每月给予适当生活补助，保障其基本生活要求；对有子女要上学的，要对接教育部门积极安排学校就读。

4. 鼓励农村实用人才培育主体多元化

政府可以出台相关培训奖励政策，鼓励社会培训机构、高校、新型农业经营主体等参与农村实用人才培育，大力开展农民素质提升、新型职业农民等培训项目。

---

① 渠元春、张珂、杜敏亮、汪世静、田花丽、吕少洋、郭双双、马卓、袁璋：《南阳市农业适度规模经营发展的现状及启示建议》，《农业科技通讯》2021 年第 11 期，第 20-24 页。

第二节 加快培养农村二、三产业发展人才

一、加快培育农村创业创新带头人

党的二十大提出，“……必须坚持科技是第一生产力、人才是第一资源、创新是第一动力，……人才强国战略，创新驱动发展战略……”① 创新创业是乡村产业振兴的重要动能，人才是创新创业的核心要素。创新创业人才作为农村发展的重要资源，在乡村振兴过程中要充分为其创造良好的发展环境和条件，促进其带动乡村发展。农村创业创新带头人即农村创新创业人才，农村创新创业带头人饱含乡土情怀、具有超前眼光、充满创业激情、富有奉献精神，是能带动农村经济发展和农民就业增收的乡村企业家。目前，云南由于乡村人才流失严重，人才政策力度不够大，导致农村发展活力缺失，发展速度缓慢。所以应该加大政策力度来支持鼓励人才返乡创新创业，并且对返乡入乡创新创业人才进行专业的培训。

1. 要支持返乡创业农民工和鼓励入乡创业人员

（1）以乡情感召、政策吸引、事业凝聚的方式引导有资金积累、技术专长、市场信息和经营头脑的返乡人员在农村创新创业。

（2）改善乡村环境，营造引得进、留得住、干得好的乡村营商环境来吸引大中专毕业生、退役军人、科技人员等入乡创业，逐渐壮大农村创新创业人才队伍。

2. 要加大政策扶持，为创新创业人才提供良好的创新创业环境

（1）在财政政策方面，为符合条件的农村创新创业带头人，按规定给予适度创业补贴。

（2）在金融政策方面，落实创业担保贷款贴息政策，发挥国家融资担保基金等政府性融资担保体系作用，大力扶持返乡入乡人员创新创业。

（3）在人才政策方面，将农村创新创业带头人及地方所需人才纳入地方政府人才引进政策奖励和住房补贴等范围。

3. 要加大培训力度、创新培训方式、提升培训质量

（1）加大培训力度。实施返乡入乡创业带头人培养计划，对具有发展潜力和带头示范作用的返乡入乡创业人员利用各种技能培训平台开展创业培训。

（2）创新培训方式。利用门户网站、远程视频、云互动平台、微课堂、融媒体等现代

---

① 习近平：《高举中国特色社会主义伟大旗帜 为全面建设社会主义现代化国家而团结奋斗——在中国共产党第二十次全国代表大会上的报告》，中华人民共和国中央人民政府网：http://www.gov.cn/gongbao/content/2022/content_5722378.htm，访问日期：2022 年 12 月 15 日。

信息技术手段，对返乡入乡创业人员提供灵活便捷的在线培训。

（3）提升培训质量。当地政府根据返乡入乡创新创业带头人特点，开发一批特色专业和示范培训课程，并且推行互动教学、案例教学和现场观摩教学，积极探索“创业培训＋技能培训”的模式，提升培训质量。

4. 要挖掘在乡创业能人

挖掘“田秀才”“土专家”“乡创客”等乡土人才，支持创办家庭工场、手工作坊、乡村车间，保护传统手工艺，发掘乡村非物质文化遗产资源，推动农村经济增长，带动农民就业增收。

二、加快培育农村电商人才

电子商务已经成为农村地区培育农业产业化创新、培育农村转型发展、加快农民增收、推进乡村振兴的重要抓手。农村电商人才是乡村数字化的关键，他们能加快推动现代农业产业体系、经营体系和生产体系的构建，提升农村电子商务化程度，推动农村农业现代化。尽管我国农村电商发展势头正猛，但一些地方仍存在过于依赖政策、企业扶持与帮助的情况，导致农村电商专业人才不足、培养体系不完善、服务平台水平低等问题比较突出。因此，培育农村电商人才成了当前人才培育的重点。

1. 要明确培训对象

电商人才是高质量人才，需要有较强的学习能力和较高的知识文化水平。一般来说，培训对象是返乡大学生、大学生村官、农民工、农村青年致富带头人及经济困难未就业青年，也有政府部门等有关人员，或是对农业电商感兴趣的城市人才。

2. 要加强政府干预和有关部门的监督和管理

政府应对农村电商人才培训企业和机构进行必要的资质审查，并对培训对象和内容做定期回访，以评估培训效果；同时还要积极组织号召，带领本地农民发展农业电商，在提升自身农业电商知识水平的同时，培养本地农业电商人才。

3. 要因地制宜培养人才

各地区应结合自身实际状况，优先培养所需所用农村电商人才，并与地区职业院校学生的创新创业活动相结合，由具备创造力和闯劲的年轻人带动市场销售，由相关职能部门支持打通物流、产业等环节，并以此形成可持续的乡村振兴推力。政府及相关部门要积极推进电商人才队伍建设，引导青年创业者利用电商直播平台推介销售优质特色产品，助推云南高原特色产业和乡村特色产业发展，助力乡村振兴。

三、鼓励各界人才投身乡村建设

乡村振兴需要农业人才，但振兴乡村单靠现有农村的人力资源远远不够，需要吸引更多懂农业、懂技术、懂市场、懂法律等的社会各界人才参与乡村振兴。社会各界人才主要指除机关、国有企业、事业单位之外的人才，他们具有超人的才干和能力，在自己专长方面有远见卓识，有着较强的分析和判断能力。他们能改善乡村社会、经济、生活环境，能提高乡村综合素质，促进乡村产业发展。由于当前云南乡村缺乏完善的人才管理机制，导致这部分人群发展机会受限制，因此政府及相关部门要做好人才引进的顶层设计，建立健全激励机制，研究制定完善相关政策措施和管理办法，吸引高质量人才，鼓励社会各界人才投身乡村建设，推进乡村二、三产业发展。

（1）可以以乡情乡愁为纽带，引导和支持企业家、医生、教师、建筑师、律师等人才，通过下乡担任志愿者、投资兴业、行医办学、捐资捐物、法律服务等方式服务乡村振兴事业，带动二、三产业的发展。

（2）通过制定优惠政策来吸引人才，因地制宜、分类施策，为人才引得进、留得住、用得好提供制度保障，落实和完善融资贷款、配套设施建设补助、税费减免等扶持政策，真真切切为乡村人才创业发展开绿灯、减负荷①。

第三节　加快培养乡村公共服务人才

一、加强乡村教师人才队伍建设

党的二十大提出办好人民满意的教育。要实现乡村振兴必定要积极发展农村的教育事业，教育事业是人才振兴的基础。乡村教育事业的发展能够培养高素质人才和挖掘农村潜在人才，为乡村振兴事业提供源源不断的人才支撑，而乡村教师是推动我国乡村教育事业发展的重要支柱。

教育是人才培养的基础，教育质量的高低决定人才质量的高低，通过专业的培养和引导，能够提升受教育者的综合素质，更好地适应社会经济的发展。由于城乡二元体系的桎梏，导致农村教育资源匮乏，教育资源分布不均衡，乡村教师队伍质量不高，乡村教育事业发展内生动力不足等问题。因此实现乡村人才振兴，必须要加快乡村教育事业的建设，加强乡村教师人才队伍的建设，提升乡村教育事业发展的内生动力。

（1）要持续改善农村学校办学条件，支持开展网络远程教育，推进“互联网＋义务教育”，利用信息技术送培送教，以此提高农村基础教育质量。

---

① 杜香：《以人才振兴引领乡村振兴》，《人力资源》2019 年第 16 期，第 46-47 页。

（2）要健全激励保障制度，对长期在乡村学校任教的教师，职称评审可按规定“定向评价、定向使用”，高级岗位实行总量控制、比例单列，可不受所在学校岗位结构比例限制，以促进乡村教师对职业的认同感，提高其对教育工作的积极性，达到对乡村教师安心从教的激励效果。

（3）要保障和改善乡村教师待遇，一方面落实好乡村教师生活补助政策，按规定将符合条件的乡村教师纳入当地住房保障范围；另一方面，提高乡村教师的收益预期，减少城乡教师工资收入差距，加强乡村学校教师工作环境建设，以此来吸引更多的教师从事乡村教育事业。

（4）要不断优化乡村教师队伍结构，加大乡村骨干教师培养力度，精准培养本土化优秀教师，加大公费师范生的培养力度，选拔高质量的优秀毕业生加入乡村教师队伍，以此优化乡村教师队伍结构。

二、加强乡村卫生健康人才队伍建设

农村基层医疗卫生服务的质量决定了基本医疗卫生服务的可及性和农村地区居民的卫生健康状况①。乡村卫生健康人才肩负治疗常见病和多发病的重任，承担着预防、保健等基本公共卫生服务，是乡村健康的守门人，在维护乡村卫生健康方面起着非常重要的作用。

当前，云南省乡村卫生健康人才多数学历不高，大多数是大专学历，且年龄偏大。目前乡村卫生服务体系不完善，影响着农村居民的卫生健康。提升民生福祉势必要高质量的卫生服务，保障乡村居民的身体健康。因此，乡村振兴必须要加强乡村卫生健康人才队伍建设。

1. 要充实乡村卫生健康人才队伍

（1）推进乡村基层医疗卫生机构公开招聘，对于艰苦边远地区县级及基层医疗卫生机构，可根据情况适当放宽学历、年龄等招聘条件，对急需紧缺卫生健康专业人才可以采取面试、直接考察等方式公开招聘。

（2）深入实施全科医生特岗计划、农村定向医学生免费培养和助理全科医生培训，支持城市二级及以上医院在职或退休医师到乡村基层医疗卫生机构多点执业，开办乡村诊所。为乡村卫生健康人才队伍注入新鲜血液的同时，提升乡村卫生健康人才队伍质量。

2. 要完善乡村基层卫生健康人才激励机制

（1）落实职称晋升和倾斜政策，优化乡镇医疗卫生机构岗位设置。

（2）逐步提高乡村医生收入待遇，适当给予生活补贴，同时做好乡村医生参加基本养老保险工作。

（3）深入推进乡村全科执业助理医师资格考试，推动乡村医生向执业（助理）医师转

---

① 常佩瑶、张安、杨超、张天晔、王冬、孙继佳、汪铭涵、李连香、高中制：《乡村振兴战略背景下上海村级医疗机构人才队伍建设调查分析》，《上海医药》2021年第12期，第15-18页。

化，提高乡村医生的认可度。做到在提高乡村卫生健康人才福利待遇的同时，吸引更多的人才加入乡村卫生健康人才的队伍之中。

3. 要优化乡村卫生健康人才的工作环境

政府应该加大财政投入，完善医疗设施的建设，推进“互联网 + 医疗 + 健康”模式的建设，提高基层卫生健康服务的便利性。给予乡村卫生健康人才良好便捷的工作环境和医疗设备，提升其工作效率和服务质量。

三、加强乡村法律人才队伍建设

乡村法治能为乡村振兴的顺利进行提供重要的社会保障，同时还是全面推进依法治国的基本要求。随着时代的发展，农村居民的法治观念亟须转变，现代法治意识和法治理念亟待增强，乡村原有的“熟人社会”观念被打破，农村纠纷结果需要做到更合理、公平。但当前，农村居民学法积极性不高，乡村法治宣传不到位，乡村法律服务体系不完善，因此亟须加强乡村法律人才队伍的建设，以营造良好的乡村法治环境。

1. 要充实公共法律服务人才队伍

要推动公共法律服务力量下沉，通过招录、聘用、政府购买服务、发展志愿者队伍等方式，来扩充公共法律服务人才队伍。

2. 要加快乡村法律服务人才的培养

①以村干部、村妇联执委、人民调解员、网格员、村民小组长、退役军人等为重点，加快培育“法律明白人”。②利用好各大高等农业院校，侧重专才教育，培养出“涉农”法律知识丰富的高等人才。只有培养优秀的法律人才，乡村法律人才队伍才能真正推动乡村法治。

3. 要完善乡村法律服务体系

乡村法治要逐步推进，不可一刀切，可以把合理的乡村礼治规则纳入法律体系，以此增加村民对法律体系的认可，更好地体现出法律的合理性。完善和落实“一村一法律顾问”制度，给予村民进行法律咨询服务，为村民提供更多便利服务，让村民能够体会和感受到依法维权的好处。

4. 鼓励相关“涉农”法律人才投身于乡村法律建设的队伍之中

①完善工资待遇和职业保障政策，让乡村法律人才体会到国家的支持鼓励；②利用家国情怀、乡土情怀，吸引法律人才积极投身于社会主义新农村的建设之中，让法律人才愿意返乡入乡，愿意承担责任，为乡村法治建设做出贡献。

第四节　加快培养乡村治理人才

一、加强基层村组干部建设

只有加强基层村组干部建设，推进基层组织治理能力现代化，才能更充分地利用和统筹乡村资源来实现乡村振兴。基层组织承载着乡村人民对美好生活的向往和追求，在乡村振兴战略实施的背景下，农村基层组织需要更强的治理和服务能力，所以要加强基层村组干部建设，助力乡村振兴。

1. 要强化乡镇领导班子

应选优配强乡镇领导班子特别是乡镇党委书记，健全从乡镇事业人员、优秀村党组织书记到村任职过的选调生、驻村第一书记、驻村工作队员中选拔乡镇领导干部常态化机制。这些优秀有能力的人能够做好乡村治理工作，提升基层组织治理能力。

2. 完善工资待遇与绩效水平挂钩机制

对于长期在农村基层一线从事工作的村组干部，结合岗位职称、工作年限，实现工资与工龄相挂钩的倾斜政策。对于考核足够优秀的村组干部，设置相应的与业绩成果正相关的物质奖励。对村组干部起到相应激励作用，增加其对工作的积极性和满意度。

3. 要调整优化岗位编制和完善干部监督机制

统筹、调整当前的既有岗位与编制，实现对重叠交叉岗位、非核心工作岗位的精简合并，确保“人员有编制、岗位有人员”①。强化干部责任意识，加强其自我监督意识，牢牢树立不贪污腐败的思想。

4. 提高地区薪资补贴和落实乡镇公务员考录政策

要落实乡镇工作补贴和艰苦边远地区津贴政策，确保乡镇机关工作人员收入与县直机关同职级人员工资待遇有可比性。对于艰苦边远地区，乡镇公务员考录应适当降低门槛和开考比例，允许县乡两级拿出一定数量的职位面向高校毕业生、退役军人等具有本地户籍或在本地长期生活工作的人员招考。提高村组干部福利保障的同时，也要拓宽选人用人渠道。

二、发挥乡贤人士带头作用

乡贤人士是在新时代国家治理现代化的发展背景下，具有现代化的思维和理念，能给乡

① 杜海峰：《关于加强西部农村基层干部队伍建设的思考与建议》，《国家治理》2020 年第 26 期，第 33-36 页。

村带来新的生活方式，实现乡村传统文化与现代化知识有效结合的政府之外的民间精英。在乡村振兴战略的推进过程中，乡村的现代化发展还面临许多问题，乡村产业结构不合理、人口流失严重、乡村文化“断裂”等问题日益显露，而乡贤人士的回归能给乡村带来生机。因此，要发挥好乡贤人士的带头作用。

1. 政府要积极引导乡贤人士促进乡村经济发展

政府应加大引导力度，组织市场企业和社会组织共同参与乡村社会治理，让乡贤人士能够充分利用自身资源，吸引人才、资本，引进新技术，促进乡村社会经济发展，以及传播良好的生产生活方式。

2. 利用乡贤人士弘扬传统文化

文化体现了一个国家发展的软实力，实现乡村的全面振兴，弘扬和发展农村优秀传统文化，提炼农村优秀传统文化的精神内涵，对于凝聚民心发挥重要作用。乡贤人士是文化传播的载体，他们在日常生活实践中践行着优秀传统文化理念，其在弘扬新时代中国特色社会主义核心价值观中起到关键作用。政府要积极宣传他们的相关事迹，为乡村居民树立良好的价值观。

3. 利用好乡贤人士各自的优势来提高乡村治理效果

利用德高望重的乡贤人士帮助调解纠纷事务，人脉资源丰富的乡贤人士帮助举办乡村活动，资金富裕的乡村人士出资建设家乡等。

三、激活乡村自治内生动力

乡村治理要做到“三治”融合，即德治、法治、自治三者相结合来治理乡村社会，而自治在“三治”融合体系中处于核心地位，是优化基层治理的关键。乡村自治要求村民提高自我管理水平，要求村民作为治理主体，以民主的方式来实现自我管理、自我监督、自我决策等。实现乡村振兴必须激活乡村自治内生动力。当前乡村治理主体严重缺位，自治组织更要避免过度依赖政府，才能有效维持乡村社会秩序，提高村民参与乡村事务治理的积极性。

1. 调整自治组织成员结构

自治组织成员要有过硬的本领，要选拔素质够高、技术够硬、能干正事、有干劲的人员发挥带头作用。只有自治组织成员整体实力够强、素质够高，才能达到乡村自治的最佳效果。

2. 搭建教育平台，灌输自治意识

依靠乡贤人士利用当地容易让村民信服的方式传播自治理念，在重视自治教育的同时还要帮助村民树立有关自治的“主人公”意识，让村民明白自治不是自上而下的政府命令，而是人人参与的、自己有权表达合理诉求的治理新模式。只有让村民树立自治意识，才能调动村民保护乡村自治的积极性，才能激发乡村自治的核心内驱力[①]。

---

① 张纬武：《乡村自治中村民主体意识的回归》，《重庆文理学院学报（社会科学版）》2021 年第 4 期，第 11-20 页。

3. 规范自治权力的运行

强调村民自治并不是其不受制约监管，而是要在法律允许的范围内行使自治权力，同时也要防止村委会过度自治化。乡村自治若不加以规范引导，容易诱发自治代表的逐利倾向，进而演变成精英主政，容易削弱村民自治组织的权威性，导致村民自治组织形同虚设。因此，要完善监督机制，也要创新监督的方式。

第五节 加快培养农业农村科技人才

一、构建乡村振兴科技人才体系

农业农村科技人才在科技引领农业农村现代化中发挥重要作用，而构建完善乡村振兴科技人才体系，对于加快和完善农业农村科技人才培养和发展管理机制、加快推进乡村人才振兴有重要的意义。要顺应新型农业经营主体和农业社会化服务组织蓬勃发展的新形势，继续深化构建乡村振兴科技人才体系。

1. 创新完善农业科技推广人才引进培养体系

对于农业科技推广人才的引进与配备，要综合考虑当地农业产业特点和规模、工作职责和任务、服务对象状况与分布、服务半径与手段、地域范围与交通等因素，且应当具有相应的专业技术水平，符合岗位职责要求。对于农业科技推广人才的培养，政府部门应该依托高校，免学费定向培养一定数量的农业科技推广的学生，并加大向贫困地区倾斜的力度。

2. 积极培育农业经营性服务组织体系

农业农村的现代化发展需要农业经营性服务体制的创新和改革，政府应当在政策、项目、资金、技术培训等方面向新型农业经营主体倾斜，强化农业生产基础设施建设，提升机械化、信息化经营管理和技术水平，使农业经营性服务组织尽快成为农业社会化服务的生力军①。

3. 规范农业科技人才管理体系

乡镇农业科技人员要主动参加乡镇各项涉农工作会议，定期向乡镇主管农业的领导请示和汇报业务工作，征询乡镇政府对农业科技工作的意见和要求，并对所服务的乡镇农业发展和农业科技工作提出意见和建议。此外，建立城乡、区域、校地之间农业科技人才培育合作与交流机制，

① 周娟、牛孝峰、杨哲林：《濉溪县加强农业科技人才体系建设现状及对策》，《安徽农学通报》2013 年第 21 期。

让农业科技人才能够在不同区域交流学习，提升自我专业知识和技能。同时，实行农业科技人才轮岗制度，根据有关部门的工作需要，保证农业科技人才在乡县之间和乡与乡之间的正常流动。

二、发展壮大科技特派员队伍

科技特派员是指经地方党委和政府按照一定程序选派，围绕解决“三农”问题，按照市场需求和农民实际需要，从事科技成果转化、优势特色产业开发、农业科技园区和产业化基地建设的专业技术人员。党的二十大明确提出完善人才战略布局，坚持各方面人才一起抓，建设规模宏大、结构合理、素质优良的人才队伍①。科技特派员是农业科技创新创业的带头人，是农业科技的推广者，是乡村人才队伍中的重要部分，他们以农业科技人才为主体，以农业科技创新成果为纽带，推动乡村振兴战略的实施。发展壮大科技特派员队伍要完善强化各种相关政策，给予科技特派员良好的发展环境。

1. 要强化科技特派员激励机制

政府应加大财政方面的投入，落实相关扶持政策，以激励支持科技特派员创新创业。同时为科技特派员开放一定的“绿色通道”，使得科技特派员创办企业不仅能享受相关政策优惠，还能减免一定税收。

2. 加强科技特派员队伍管理，激发队伍活力

要梳理摸清科技特派员的能力信息，充分把握并利用科技特派员的专长，以建立各种类别的多样化人才库。还要严格科技特派员的考核监督工作，考核结果要与职称评级、推优提干相挂钩，奖罚分明，对有能力干得好的科技特派员有所奖励，对考核不合格者予以解聘。

3. 加大宣传力度，给予科技特派员良好的发展环境

增加宣传方式和途径，宣传科技特派员创新创业和服务精神，增强社会对科技特派员创新创业的支持力度，能够为科技特派员创新创业提供良好的条件，还可以通过各种会议、讲座的宣传，提高社会各界对科技特派员的支持和了解，营造良好的社会氛围，推动科技特派员工作的开展。

4. 鼓励引导更多人加入科技特派员的队伍

①支持普通高校、科研院所、职业学校和企业的科技人员发挥职业专长，到农村开展创业服务。同时引导大学生、返乡农民工、退伍转业军人、退休技术人员、农村青年、农村妇女等参与农村科技创业。②鼓励涉农企事业单位作为法人科技特派员带动农民创新创业，服务区域产业发展。

三、培养农业农村科技创新人才

农业农村科技创新人才是农业农村科技人才的重要构成，他们是推动农业农村现代化发

① 习近平：《高举中国特色社会主义伟大旗帜 为全面建设社会主义现代化国家而团结奋斗——在中国共产党第二十次全国代表大会上的报告》，中华人民共和国中央人民政府网：http://www.gov.cn/gongbao/content/2022/content_5722378.htm，访问日期：2022 年 12 月 15 日。

展的重要动力。目前农村农业科技创新人才队伍综合素质有待提升，农村农业科技创新人才稀缺，在农村农业急需转型改革升级的形势下，对农业农村科技创新人才的质量和数量的要求越来越高。因此，要加快培养农业农村科技创新人才。

1. 创建农业科研平台

党的二十大提出加快实施创新驱动发展战略……加强企业主导的产学研深度融合，强化目标导向，提高科技成果转化和产业化水平……。[①] 因此，在培养农业农村科技创新人才过程中，要以高校为桥梁，利用其人才技术的优势，将农业前沿技术成果进行转化，推广和引进各种农业新技术以及攻关农业科技项目，提升当地的农业科技创新水平，为农业农村科技人才提供良好的农业科研平台，让农业科技创新人才能充分发挥自己的才能。

2. 营造农业农村科技创新人才良好发展环境

要做好农业科技创新人才培育工作，引导农业科技人才为乡村振兴贡献力量。通过推动内部体制机制创新和管理改革，探索建立人才培养、遴选的长效机制，营造有利于优秀人才脱颖而出的良好环境，激发系统科技人员的创新动力与活力[②]。

3. 强化对农业农村科技创新人才的培训

推动农村实用技术培训计划的实施，要充分发挥群众团体、科研机构、高等院校、教育培训基地、企业、中介机构等社会力量，要加大农村农业科学技术的推广力度，把科技培训的重点放在种植、养殖、加工等领域。

第六节　建立健全乡村人才振兴机制

一、建立健全乡村人才培育机制

1. 明确乡村人才培育的目标

农民是实施乡村振兴战略的主体，是真正的实践者和受益者，他们最憧憬完成乡村振兴战略后的乡村，农民素质的高低直接关系到乡村振兴的成败和进程。因此，培育乡村人才要以提高农民素质，发挥他们的创造精神调动农民参与乡村振兴的积极性。

---

① 习近平：《高举中国特色社会主义伟大旗帜 为全面建设社会主义现代化国家而团结奋斗——在中国共产党第二十次全国代表大会上的报告》，中华人民共和国中央人民政府网：http://www.gov.cn/gongbao/content/2022/content_5722378.htm，访问日期：2022 年 12 月 15 日。

② 何雪梅、李彪、赵辉、王志德、孙传齐、徐德、马洁、邓媛元、邓力：《达州农业科技创新现状、问题及对策建议》，《农业开发与装备》2021 年第 10 期，第 97-98 页。

2. 清楚乡村人才培育的实施路径

乡村振兴的关键是产业。乡村人才工作要紧紧坚持围绕产业发展需求进行：①要积极创新农民培育方式，培育农业人才和注重人才储备。②要推广农业科技，注重科技兴农，推动农业产业现代化。③搭建服务平台，注重氛围营造，为乡村农业人才提供更好的发展环境。④发掘实用人才，注重文化传承，以延续乡土人脉。

3. 完善乡村人才培育机制

培育乡村人才要以培育乡村本土人才作为基本立足点，这是乡村人才振兴的根基，因此要善于从脚下土地发现人才，培育“本土能人”。

（1）要完善新型职业农民教育培训机制。因地制宜，根据当地产业特色，探索实践适合当地特点的教育培训方式，探索菜单式学习、顶岗实训、创业孵化等多种培育方式。积极引导相关企业和农民专业合作组织建立新型职业农民培训实践基地，为培育新型职业农民提供教学观摩和实习实践场所。

（2）完善资格认证机制。规范职业农民资格认证的条件、标准、程序、机构和后续管理，分产业制定认证管理办法，建立健全新型职业农民分层登记注册制度和等级考核评定制度。

（3）建立健全农业从业资格准入制度，逐步将持有职业农民资格证书作为从事农业职业的基本条件和获得相关政策支持的主要依据。

二、建立健全乡村人才引进机制

乡村人才引进，就是要鼓励支持各类人才返乡入乡，要设法创造条件，让农村的机会能吸引人、留住人，让乡村更有人气。

（1）明确乡村振兴人才需求，实现人才的精准引进。定期评估乡村振兴人才需求，根据乡村振兴人才需求，实现精准引进，防止人才支撑“垒大堆”的现象出现。

（2）健全人才引进管理制度，实现人才引进的系统性。要根据乡村振兴人才需求的评估结果来做好人才引进工作，以系统性的方式考虑乡村振兴的人才引进工作，防止人才的重复引进和碎片化引进。充分利用资源和政策，引进各种人才及人才团队加入乡村振兴的队伍中，充分发挥他们的整体效能。

（3)构建促进人才返乡入乡的激励机制。坚持政府引导与市场机制相结合，以生活、经济、事业等方面为主，建立有针对性的事业晋升与生活福利等激励制度，引导各类人才积极前往乡村一线建功立业。

三、建立健全乡村人才使用机制

建立健全乡村人才使用机制，构建人尽其才，才尽其用的使用机制，激发人才活力。实现乡村振兴最有效的方法就是用好乡村人才。

1. 建立人才统用制度

推进县域教师、医生、律师等专业人才的统筹使用，加强服务管理和机制建设，可以有效解决乡村专业人才素质不高、数量不够等问题。

2. 创新人才服务机制

一方面，完善人才服务配套工作，建好用好“新型人才工作站”，充分发挥人才发展促进会职能作用，逐步形成功能齐全、优势互补的专业人才服务构架。另一方面，建立科学化服务体系，着力在创新创业、学习培训、落户及住房保障等方面给予优惠政策待遇。

3. 完善乡村人才激励机制

对于经营管理、专业技术水平高、带动农民群众脱贫致富的能力强、贡献突出的人，可以破格晋升和评定相应的技术职称。对农村经济发展有重大贡献的人才，给予精神和物质奖励，并在后续农业开发项目、技术研究、贷款等方面给予优先支持。

（执笔人：张晋豪　赵丽　谭鑫）

第六讲　案例之讲

乡村振兴是我党十九大作出的重大战略决策部署，是实现我国两个百年目标和解决社会主要矛盾的重要途径。“产业兴旺、生态宜居、乡风文明、治理有效、生活富裕”是实施乡村振兴战略的总要求，后又统筹推进“产业振兴”“人才振兴”“文化振兴”“生态振兴”“组织振兴”。无论从哪一个方面来看，都离不开人的作用，人是事业发展的重要因素之一，要写好乡村振兴这篇大文章，就必须重视人才队伍建设。本章结合乡村振兴的典型案例，介绍人才振兴的实现路径与基本模式，探索乡村振兴中人才振兴的发展走向。

案例一　楚雄州双柏县法脿镇乡村人才振兴案例

党的十九大报告提出，实施乡村振兴战略，要坚持农业农村优先发展，按照产业兴旺、生态宜居、乡风文明、治理有效、生活富裕的总要求，建立健全城乡融合发展体制机制和政策体系，加快推进农业农村现代化。法脿镇在实施乡村振兴战略中，重视人才培养，让每一个农民都成为新型职业农民，把每一个基层党组织建成带领群众脱贫致富的坚强战斗堡垒，把每一支挂包和驻村工作队打造成深受群众欢迎的不走工作队，全力实施乡村振兴战略，全面巩固脱贫攻坚成果。

一、法脿镇概况

法脿镇作为双柏县第三大镇，位于双柏县城东南部，距县城 53 千米，与一县三镇一乡相连，东与易门县绿汁镇隔江相望，南连大麦地镇、安龙堡乡，西与妥甸镇毗连，北邻大庄镇，全镇辖13个村（居）委会，235个村民小组，343个自然村，全镇土地面积429.94平方千米，共有人口6326户23561人。法朕镇党委政府紧紧围绕“旅游白竹山、绿色茶银行、热谷经果蔬、传统产业强、集镇特色显、民族文化扬”的目标定位，抓实人才培养系列工作，为实现乡村振兴注入强劲动能。

二、法朕镇人才振兴工作主要做法

（一）聚焦素质提升，培育新型职业农民

法朕镇在人才振兴工作上始终坚持“政府主导、农民主体、需求导向、综合配套”的原则，以提高农民、扶持农民、富裕农民为方向，紧紧围绕粮食、蔬菜、特色养殖、食用菌、经济林果、茶桑、电子商务、文化等产业，有计划地加强对全镇种养殖大户、家庭农场主、乡土人才、合作社带头人的培训、引导，加快构建一支有文化、懂技术、善经营、会管理的新型职业农民队伍。法朕镇着重在“三个一批”上下功夫，着重培育新型职业农民，助力乡村振兴。

1. 通过培训提高一批

法朕镇积极营造新型职业农民培训的良好氛围，依托白竹山优美自然风光及分布在白竹山的双柏“三笙”文化，紧盯产业发展方向，突出高技能人才培训，积极开展种植、养殖、加工、销售一体化和民宿经营管理人才培训，2020年共开展各类农民教育培训55场次2685人次。充分发挥企业主体作用，鼓励就地就近务工，创新开展“以工代训”，支持员工在工作中提升技能、适应岗位要求，极大程度地提升了新农人的技能素养，有效增加农民和农业经营收益，促进一二三产业融合互动，2020年实现茶叶销售加工、旅游、餐饮、住宿等产值达5000万元以上，让农业成为有奔头的产业，让农业成为体面的职业。

2. 通过吸引发展一批

把产业链、价值链等现代产业组织方式发展要素融入现代农业的发展过程，实现“文化＋旅游”“文化＋农业”等方面的融合发展，更加注重培养以“老虎笙、大锣笙、龙笙”等乐器为代表的文化传承人，传播民族文化；同时大力发展彝绣、彝药和文旅产业，不断提高民族文化产品的经济效益和社会效益，有效促进传统农业由“生产导向”向“消费导向”转变。

3. 通过培育储备一批

法朕镇高度重视乡村振兴人才资源，现有各类协会16个，会员1143人，2020年认定新型职业农民160人、累计认定258人，新型职业农民快速涌现，成为乡村振兴的中坚力量。法朕镇大力发展家庭农场、专业大户、农民合作社、产业化龙头企业等各类新型农业经营主体，拓展农业的功能，积极引导和规范土地经营权有序流转，提高土地集约经营、规模化经营水平，提升农业的现代化水平。同时吸引新型职业农民就业，有效纾解乡村振兴人才匮乏问题。

（二）聚焦政治功能，构建致富战斗堡垒

以党建引领为突破口，以“建强村级班子、加强党建引领、强化党员教育”为抓手，全

面落实“基层党建持续深化年”各项工作。

1. 建强村级班子，打造带领群众脱贫致富的“主引擎”

深入推进农村“领头雁”培养工程，回引农村优秀人才4人，培养村级后备人才57名，农村优秀青年人才67名。村（社区）“两委”换届选举实现了学历年龄“一升一降”，“两委”平均年龄39.1岁，较上一届下降12.96%，大专及以上学历30人，较上一届增加14人，班子结构明显优化，能力素质明显提高，为脱贫攻坚与乡村振兴有效衔接奠定了组织基础。

2. 加强党建引领，做好群众增收致富的“助推器”

深入贯彻党建“2+X”工作思路，把党建引领产业发展、党建引领乡村清洁等贯穿到各支部的工作中，共制订党建引领工作计划56个。2020年13个村（社区）发展村集体经济项目48个，总收89.16万元，完成计划数的110%，全部实现村集体经济5万元的目标，既解决了无钱办事的难题，又带动了群众增收致富。

3. 强化党员教育，成为联系服务群众的“贴心人”

深入推进“千堂党课进基层”“万名党员进党校”工作，对全镇党员实现培训全覆盖，使党的观念深入人心。深入推进农村基层党建“双整百千”四级联创工作，党支部规范化建设100%达标。严格按照“四个一”整顿措施，整顿软弱涣散党总支1个，完成4个党建示范点建设。深入实施党建引领“一部手机治理通”，建立网格化管理站14个，选优配强网格长及网格管理员248名。严格执行“四议两公开”民主议事决策制度，全面提升基层党组织的凝聚力。

（三）聚焦帮扶成效，打造不走工作队

法朡镇13支驻村工作队37名驻村工作队员以“咬定青山不放松”的韧劲接过脱贫攻坚战旗，奔赴乡村振兴新战场，从抓党建促乡村振兴、抓产业促集体经济、抓治理促乡风文明等方面着力，用实干带领群众走向宜居宜业、富裕富足的美丽家园，在乡村振兴中再立新功。

1. 深入扎根基层，在改善民生服务群众上着力

广泛收集村情民意，贴近群众倾听民声、解难帮困，及时了解和掌握群众生产生活状况和群众所思所盼所求，为乡村振兴建设提供第一手资料。2020年结合“四万三进”活动深入走访农户5000余户，为群众办好事、办实事135件，解决群众急难愁盼问题54个。

2. 切实履职尽责，在抓班子带队伍上着力

深入调研，把“底子”盘清，帮助村“两委”理清思路、制定发展目标，细化发展举措，因地制宜绘制“十四五”发展蓝图，形成村（社区）乡村振兴规划和发展计划、村集体经济发展计划。帮助规划派驻村基础设施建设等民生项目并积极向上争取项目资金，通过教思想、教方法等方式，把建强村（社区）“两委”班子作为驻村工作队的职责和使命。

3. 锤炼过硬作风，在扶智扶志上着力

充分发挥自身素质、学历等优势，结合“三讲三评”“自强诚信感恩”“扶志扶智”等教育活动，把乡村振兴战略宣讲到千家万户，将科技知识、技能培训、种植养殖技术、就

业信息等带到田间地头，以实的作风树立驻村干部的良好形象，让驻村工作队真“助村”。2020年开展“三讲三评”150余场次，帮助开展劳动力转移培训46场，科技讲坛23场，实现新增转移就业1989人，让驻村工作队真正成为“驻”在百姓身边、“住”进百姓心里的不走工作队。

三、法脿镇推进乡村人才振兴经验和启示

（一）抓培训，职业农民促振兴

1. 专业培训“强起来”

强化主体培育，通过开展新型职业农民培训、新型农业经营主体培训、农民就业和技能培训等活动提升人员素质；注重挖掘农村“土专家”“田秀才”，培养一批乡村能工巧匠、民间艺人，有效推进人才振兴。

2. 职业人才“引回来”

一方面，通过制定有效激励政策，鼓励返乡青年人才回乡就业，从事法脿本地农业旅游文化产业，为发展农业旅游文化产业注入“新鲜血液”，为当地农业发展注入新力量。另一方面，通过健全乡村人才培养吸引流动和激励机制，吸引在外务工经商人员、复退军人、大学生等各类人才返乡创新创业，引进先进人才，吸引在外人才回归创业，让这类返乡创业的有志青年成为乡村振兴的排头兵。

3. 职业队伍“建起来”

通过抓实“本土职业农民”、抓好“引进职业农民”，实现“激活存量”和“吸纳增量”，不断扩充“三农”职业农民人才振兴队伍，凸显职业农民“雁阵效应”。

（二）筑根基，支部堡垒促振兴

1. 联管自治“动起来”

全镇村（社区）党总支充分发挥联管自治的力量，整合资源、组织党员、动员群众，通过构建党组织统一引领、各类组织积极协同、广大群众全面参与的基层治理体系，促进了各民族居民在文化上相互交流、情感上相互认同、生活上相互融合，党组织的凝聚力战斗力显著增强。

2. 选育管用“强起来”

组织强不强，关键看人才，抓好基层党建，不断壮大基层干部队伍，在选育管用上并重，培养乡村振兴骨干力量，以严格的党内政治生活、党纪党规教育，强化对党员干部的政治和纪律约束，规范党员干部行为，塑造风清气正的政治生态环境，助力乡村振兴。

（三）重实干，挂包能量促振兴

1. 真心实干“聚起来”

广大驻村队员和挂包干部对工作脚踏实地、真抓实干，积极当好政策宣传员、矛盾纠纷调解员、群众生产生活勤务员，树立良好形象，把优良的工作作风带到基层一线，成为深受

群众欢迎的不走工作队。党员群众同心聚力，为乡村发展凝结强大的正能量。

2. 编好蓝图“接起来”

广大驻村队员和挂包干部一届接着一届干，“一张蓝图”绘到底，发挥专业能力，帮助村“两委”理清党建工作思路、产业发展思路，协助规划好“十四五”，接续前行，改革脱贫攻坚成果，有效衔接乡村振兴。

（资料提供：楚雄州双柏县法脿镇党委）

案例二　昭阳区靖安镇乡村人才振兴案例

推动乡村振兴战略的核心动能是人才的培育。习近平总书记曾强调“人才振兴是乡村振兴的基础，要创新乡村人才工作体制机制，充分激发乡村现有人才活力，把更多城市人才引向乡村创新创业”。因此，实现“激活存量”和“吸纳增量”成为强化人才支撑、做好有效衔接的关键。靖安镇在实施乡村振兴战略中，注重激发基层干部活力，不断创新乡村人才体制机制，积极开拓人才培养路径，培养造就了一批懂农业、爱农村、爱农民的“三农”人才振兴队伍，夯实了乡村振兴的人才基础。

一、靖安镇概况

（一）靖安镇基本概况

靖安镇位于昭阳区北部，处于昭阳、大关、永善三县（区）接合部，距离城区 28 千米，“213”国道、南北高速公路途经境内，是昭阳区的“北大门”。全镇土地面积 176.08 平方千米，实有耕地 85000 亩[①]，人均 1.8 亩，草场 46000 亩；林地面积 9.5 万亩，森林覆盖率 36%。辖区有洪家营、小堡子、长寨、碧凹、碧海、松杉、大耆老、五星、百顺、龙潭、大坪子 11 个行政村（其中贫困村 9 个），215 个村民小组，130 个自然村。全镇 2014 年常住人口 11146 户 41988 人，有汉、回、彝、苗、蒙古、柯尔克孜 6 个民族，2019 年建档立卡贫困人口 4301 户 19493 人，是昭阳区 11 个建档立卡贫困乡镇之一，属于扶贫攻坚重点乡镇，扶贫攻坚任务艰巨、繁重。2020 年底，村、户全部脱贫出列。

靖安安置区常住人口 9256 户 40549 人，辖思源、惠民、福兴、康庄、合顺、滨江等 6 个社区，其中建档立卡 6976 户 31160 人、同步搬迁 2280 户 9389 人。9 条市政道路完成铺设，长 11617.93 米，面积 29.5 万平方米，道路硬化率达 100%，其中新建 9 道路（滨江大道、合顺路、思源路、康宁路、惠民路、康庄路、福兴路、永宁路、向欣路名牌搭建，根据道路长宽实际情况，共建 96 个路名牌），地名标志设置率达 100%。

（二）靖安镇人才基本情况

靖安镇共有机关内设机构 5 个，行政编制 30 人；下属事业单位 7 个，事业编制 57 人。靖安镇按照编制应有股级干部职位编制 22 个，其中机关 10 个，事业单位 12 个。机关内设机构有：党政综合办和社会事务办各 3 个，经济发展办 2 个，基层党建办和扶贫开发办各

① 亩：土地面积单位，1 亩≈ 666.67m^2，全书统一说明。

1个。事业单位有：农业农村和集体经济发展中心3个，社会保障服务中心3个，扶贫工作站2个，乡村文化服务中心、乡村振兴发展服务中心、国土和村镇规划建设服务中心、财政所各1个。高级职称45人，中级职称246人；乡土人才2184人，其中养殖能手482人，种植能手754人，营销能手273人，电商能手124人。全镇共有本科以上学历926人，大专学历2735人。

二、靖安镇推进乡村人才振兴基本做法

（一）加快培养农业生产经营人才

1. 培养高素质农民队伍

靖安镇采用“集中授课＋现场讲解＋观摩实训”模式进行高素质农民队伍培养，让参训学员经过系统、有针对性的集中培养，邀请种植、养殖、电商等专家及本镇致富带头人到靖安镇党校、田间地头、村民小组活动场所、文化广场等传授农业知识，让群众面对面与专家互动交流。通过培训，不断提升群众实用的农业知识和技能，开阔视野，不断更新自己的知识，提升专业技能，更好带动种植、养殖业的标准化生产。

2. 培养农民合作社带头人

靖安镇定期举办高素质农民培育合作社带头人培训班。培训采取集中讲授、研讨交流与观摩示范相结合的培训方式，旨在进一步提升高素质农民培育工程的质量效能，助推贫困村农民专业合作社“大水漫灌”问题整改，在促进合作社规范运营与发展壮大、带动农民脱贫增收、连接小农户与大市场、助推产业扶贫和乡村振兴方面发挥积极作用。靖安镇着重创新培训方式，增强教育培训实效。一方面，安排专家授课、设置交流研讨环节，让大家在一起互相交流创业经历，切磋创业经验；另一方面，安排观摩学习，让大家去龙头企业、先进合作社、农业示范园区参观学习，现场培训，现场找答案、找差距。通过培训，进一步提高农民的技能水平和综合素质，培养一批高素质的农民队伍，为乡村振兴和农业农村现代化提供强有力的人才支撑。其中，培训内容有新型职业农民创业典型案例、“互联网＋现代农业”——农村电商、农作物营养缺素症表现与防控、马铃薯叶片黄化症诊断及防治技术、根据土壤酸度调节及施肥技术、常见病虫害及其防治等。

（二）加快培养农村二、三产业发展人才

1. 培育农村创业创新带头人

2018年以来，靖安镇开展创业就业技能培训不低于110场，重点培育有资金积累、技术专长、市场信息和经营头脑的返乡入乡人员，今年培育农村创业创新带头人800人以上。由于受疫情影响，部分城市就业容量下降，部分返乡人员在本村实现“家门口”就业。在全面推进乡村振兴背景下，返乡入乡创业就业面临着巨大机会。目前，靖安镇农村创业创新带头人中有52%的从事马铃薯、魔芋、金银花、矮化板栗、竹笋、中药材等农产品种植加工，33%的人员围绕生产、加工、流通、销售、服务于一体的全产业链创业就业，10%的人员从

事销售等行业创业创新。同时，5% 的人员立足特色产业、绿水青山等资源，借势电商、网络直播发展新产业新业态，培育一批扎根乡村、创办乡产、带动乡亲的创业就业主体，有效推动返乡入乡农民工、大学生、退役军人和农村妇女等“四支队伍”创业就业。同时靖安镇以专家学者、企业家和农村创业创新带头人为重点，建立农村创业创新导师队伍，探索“平台 + 导师 + 创客”服务模式，提供“一带一”“一带多”“师带徒”指导。通过强产业、育主体、固脱贫、搭平台、优服务、落政策等措施，积极扩大创业就业规模，不断提高创业就业质量，努力实现“十四五”返乡入乡创业就业开好局、起好步，为全面推进乡村振兴和加快农业农村现代化贡献力量。

2. 加强农村电商人才培育

近年来，靖安镇紧盯脱贫攻坚目标，不断培育壮大农村电商人才，从精准确定培训对象、创新培训方式、优化培训内容、深化培训效果四个方面入手，做实做细电商人才培训工作，为脱贫攻坚提供人才与智力支撑。

（1）培训对象求“精”。针对当前农村电商人才匮乏这一实际，将有能力、有意愿从事电商工作的驻村帮扶工作队成员、乡镇驻村干部、年轻村干部、大学生村官、种养殖大户、返乡创业青年、致富带头人、创业妇女、复退军人，特别是未就业的大中专毕业生等人员，通过乡镇调查摸底，区委组织部、区商务局、团区委、妇联等部门审核把关，精准识别选择培训人员，深入扎实推进电商人才教育和培养，努力打造一支精英人才带动、骨干人才支撑、应用人才广泛的电商人才队伍。

（2）培训方式求“新”。把培育电商人才作为电子商务发展的关键举措，不断创新培训方式，通过电子商务公共服务平台推出“电商干部 + 乡村电商服务体系”在线培训、下乡巡回培训、手把手操作等方式进行电子商务培训，提高培训的针对性和实效性。

（3）培训内容求“细”。结合地域特色产业和培训需求，在市场品牌发展、农产品销售、产品定价、仓储物流、消费者数据分析，以及售后服务等方面进行深刻的交流探讨，使其切实掌握网络营销的策略和技术，推动农村电子商务发展。截至目前，共完成电子商务培训 11 期，培训 3080 人次，其中贫困户 400 人次，进一步提高了农村电商人才发展电子商务的理论水平和操作能力。

（4）培训效果求“实”。通过建立健全政府牵头、政策支持、平台服务、社会参与的电商运营体制，进一步做好电商人才指导服务与跟踪管理，继续深化和淘宝大学、阿里巴巴等电商服务平台的长期合作关系，推动电商人才培训工作有序推进。当前，共建成乡镇电子商务服务站 3 个、村级电子商务服务点 17 个、个人网店 34 家，累计实现网络零售额 50 万元以上。带动贫困户人均纯收入增加 100 元以上，带动就业 1000 余人，其中建档立卡贫困户 100 多人。

3. 培养乡村工匠

靖安镇通过开展技能培训班，增强乡村工匠培养的针对性、实效性，多点谋划，全面推进，发挥好各项政策举措整合效应，为昭阳区乡村工匠人才队伍的培养筑牢根基。

（1）制定培养乡村工匠实施方案。从乡村工匠培养体系、评价激励体系、就业创业行动及服务三农发展行动等方面进一步细化工作措施，补充丰富对乡村工匠的激励扶持政策，搭建起乡村工匠工程实施的方方面面。

（2）结合传统特色产业开发更多课程标准。结合靖安出木匠、砖匠的历史底蕴，创造条件探索开发木制建筑、碉楼维修技术等课程标准，全面推广现有课程标准化的开班培训。

（3）利用好现有激励政策树立乡村工匠典型。挖掘靖安民间传统技艺、种植养殖、建筑施工、农业技术推广、苗族服饰设计生产等方面的能工巧手，在涉及行业中评选出一批符合条件的工匠技术人才。

（三）加快培养乡村公共服务人才

1. 加强乡村教师队伍建设

靖安镇中小学、幼儿园共22所。义务教育阶段学校14所，其中，12所小学，1个教学点，1所初级中学，在校学生10026人（其中小学6542人，初中3484人），学前教育阶段学校8所，在园幼儿2200人。全镇义务教育阶段现有专任教师595人。教师队伍是教育的第一资源，是决定教育质量的关键环节。靖安的发展离不开一支师德高尚、业务精湛、结构合理、充满活力的高素质专业化教师队伍。靖安全体教师以习近平总书记关于教育的重要论述精神为指引，争做“有理想信念、有道德情操、有扎实学识、有仁爱之心”的新时代“四有”好老师。

2. 加强乡村卫生健康人才队伍建设

靖安镇中心卫生院于2010年1月10日由靖安镇党委批准成立，卫生院有专技人员14人。

（1）不断完善培养体系，加强卫生健康、教育部门协作，深化医教协同，发挥地方医科院校主渠道带动作用。通过制定鼓励政策吸引医学类高等毕业生向基层流动，做大增量，加大卫生人才供给。以易迁政策为例：易迁组建区域内构建紧密医联体，鼓励医联体内部通过“总医院向基层派遣医师，身份保持不变，收入待遇按单位同级人员标准发放”的方式，拓宽引才渠道。

（2）优化基层人才进修培训。在现有全科医生培养、规范化培训等机制的基础上，探索轮转制、学分制等形式，缓解人员紧张造成的工学矛盾，对基层派出单位适当给予经费补助。最后，完善基层卫生人才使用管理。在编制上，探索乡镇卫生专业技术人员一体化管理，推行“县管院聘”；在职称评审上，进一步实施差异化倾斜性的专业技术岗位比例控制标准，对符合条件的全科医生，可授予基层副高职称；在薪酬激励上，建立以公益性为导向的绩效考核机制，体现优绩优酬。

3. 加强乡村规划建设人才队伍建设

乡村振兴需要更多乡村规划建设人才加入，只有将乡村规划人才导流到乡村，才能实现村庄规划“接地气”，让乡村风貌别有风情。

其中乡村干部参与乡村规划建设有助于推进新农村建设。靖安镇党委积极部署，深入推进“干部规划家乡行动”，鼓励基层干部群众参与乡村规划设计，形成了以政府为主导，村民广泛参与的村庄规划格局。靖安镇党委坚持农民主体地位，尊重群众意愿、发挥群众智慧、汇聚群众力量，严格按照科学标准，因地制宜编制符合规范“多规合一”村庄规划。通过召开党员大会、村民代表会议等方式广泛听取群众意见；通过电视、广播、喇叭、邀请函电话询问等方式，全面摸清公职人员情况，建立人才数据库，确保不漏一村、不少一人；以“靖安之窗”“靖安镇党员之家”等为媒介带动群众参与，同时对村庄规划的地位作用、目标任务、方法步骤、先进典型进行宣传报道，让社会、群众充分知晓，积极营造村庄规划的良好氛围，助力农村发展。2022 年 8 月份摸底调查发现，在靖安镇农村地区的在职在编机关企事业单位公职人员 210 人中，愿意回家乡参与村庄规划编制的有 189 人，当月就以 189 人为村庄规划队伍基本单位，组建了 11 个重点村组规划编制组，由村党组织书记担任规划编制组长，回乡规划牵头人担任副组长，161 名回乡干部和党员群众作为成员，明确工作职责，建立协调联动、信息报送等工作机制；成立村庄规划编制组，一同编制“多规合一”村庄规划，突出亮点，打造各具特色的美丽村庄，助力靖安乡村振兴建设提档升级。乡村振兴、规划先行。确保村庄规划现实可行，是实施乡村振兴战略的重要一步，靖安镇持续推进“干部规划家乡行动”，统筹资源，紧紧抓住“人”这个最大关键因素，共同绘制村庄发展的美好蓝图，推动全镇乡村地区高质量发展。

（四）快培育乡村治理人才

1. 拓宽来源渠道

严格标准条件，重点从退役军人、返乡大中专毕业生、外出务工经商人员、回乡创业人员、农村致富能手、合作经济组织负责人、原籍退休干部职工等群体中，物色选拔“政治素质好、遵纪尚德好、群众口碑好、担当精神强、带富能力强、服务意识强”的村党组织书记。

2. 大力回引优秀人才

以镇为单位与劳动就业部门、驻外流动党组织等建立对接联络机制，全面掌握各村在外优秀人才特别是党员情况，建立工作台账。共摸排在外优秀人才 112 名，动员回引 12 人进入村“两委”班子，其中 3 人担任村党组织书记。

3. 实施“优秀后备人才递进培养计划”

组织镇对农村优秀后备人才进行深入摸排和资格初审，由区级组织部门牵头，会同纪检机关、公检法司等部门进行联审，建立村党组织书记后备人才库，平均年龄 38.3 岁，高中及以上学历的占 82.9%。

4. 建立动态调整制度

今年以来累计调整年龄偏大、任职时间较长、不称职、不胜任的村党组织书记 14 人，农村带头人队伍年龄、学历结构进一步优化。

（五）加快培养农业农村科技人才

靖安镇以“万民人才兴万村”为契机，不断吸引人才智力向村组靠拢，不断提升农业农村科技人才为农服务能力。靖安镇由 18 名专业人才组成万民人才兴万村人才库和人才“需求清单”，不断整合农村资源，实现了资源与需求的高度融合。靖安镇以万民人才兴万村活动为契机，深入推进本土农机站专业技术人员与省市农业技术推广中心的技术人员合作，激活乡村振兴动力，推进农业农村现代化。昭阳区农业科技推广中心的技术人员与靖安镇各行政村展开结对帮扶，点对点到村指导工作，构建“人才 + 服务村”的联动服务体系，形成了上下联动的局面。

其中，杉树村是一个典型的欠发达地区，经过昭阳区农业科技推广中心长期的对点服务，现与中国馆农业科学院植物保护研究、云南农业大学等诸多科研中心建立了合作关系，成为省市科技攻关基地。农业科技人员多次到杉树村马铃薯种植基地与种植大户寻找马铃薯技术的切入点，经过反复实现，终于找到了影响马铃薯产量的最主要的原因以及减少病虫害、减少损失的方法，逐步解决了以马铃薯为代表的高原农作物的病虫防治难题，逐渐形成了“人才带领发展，发展凝聚人心”的局面，实现了以马铃薯为代表的农作物产量和品质的双提高。杉树村农业农村科技人才带领增收的效果明显，实现了从无产可增到全面增收的蝶变，是以人才振兴促进产业振兴，以产业振兴为乡村振兴助力赋能的生动体现。

（1）坚持需求导向，围绕我市农业特色优势产业，抓住重点领域和薄弱环节，努力在农业共性关键技术研发、效益农业技术创新和农产品安全生产等方面取得重要成果。

（2）坚持强化市场驱动，加强市场模式、商业模式创新，加快农业科技成果转化，实现创新链与产业链有效“嫁接”、相互促进。同时充分发挥信息化的关键作用，推动农业现代化与信息化深度融合，进一步完善农业科技服务体系，强化基层农业公共服务机构建设，有效解决农技推广“最后一公里”问题。

三、靖安镇推进乡村人才振兴经验和启示

（一）创新乡村人才引进机制，做大人才增量

1. 开展“雁归兴乡”返乡创业推进行动

补齐乡村留才用才短板，“优化环境”是保障，靖安镇坚持：

（1）用感情留人，通过建立人才服务绿色通道和服务专员制度，优化人才引进环境，激发乡村人才创新创业活力，织牢乡情乡愁纽带。

（2）用荣誉留人，对做出突出贡献的乡村人才，给予物质和精神奖励，让乡村人才“名利双收”，充分调动乡村人才创新创造的积极性。

（3）深化“一次办好”改革，开展创业服务质效提升行动，创新服务方式，努力营造拴心留人的社会氛围，助推农业高质量发展。

2. 招募“乡村振兴合伙人”

靖安镇在人才引进的过程中坚持推动高层次人才“上山下乡”，努力做大人才增量。

（1）创新乡土人才培育机制，实施乡土人才培育工程，提升技能水平和创业能力，努力做优人才存量。在具体实践中，重视新型职业农民、乡村干部、科技人才、乡土人才的培育，开展精细化教育培训，实施定向培养计划，激发人才潜能。

（2）创新乡土人才评价机制。靖安镇在评价标准上，突破了以往“唯学历、唯论文、唯身份、唯年龄”的人才评价门槛，重视各类人才在乡村振兴中发挥的作用，积极招募各行各业农村精英进入“乡村振兴合伙人”的队伍，为乡村振兴发展集思广益。

3. 实施高校毕业生基层成长计划

实施后备人才计划，打造一批扎根基层的优秀青年人才。同人力资源社会保障部门等相关部门合作搭建分层次、多渠道的基层后备人才选拔体系，建立本地基层成长计划后备人才库。将基层成长计划后备人才纳入本地青年干部队伍、人才队伍建设规划中，统筹衔接，协调推进，加强支持。

4. 畅通各界人士报效乡村的渠道

紧紧抓住“乡情乡愁”这条纽带，认真摸排本土在外创业成功人士的数量和特点，加强“情感沟通”，不断优化返乡创业环境，加大政策扶持力度，建立有效激励机制，吸引本土在外创业成功人士“回乡”，以自身的产业发展带动本乡群众脱贫致富；要研究制定科学的管理办法，允许符合要求的公职人员回乡任职，与家乡亲人一齐共建美好乡村。

5. 推动高层次人才“上山下乡”

大力推进技术人才“下乡”，要采取公开招考、合作交流等方式招引高等院校、科研院所等事业单位专业技术人员到村和企业挂职、兼职和离岗创新创业；要进一步加强城乡人才交流融合，在部门特别是涉农部门中选派在专业领域内具有突出成就和专业技术特长的人才到村任职，指导协助发展特色产业、乡村旅游、项目管理、电商物流等工作，强化“下乡”技术人才的待遇保障，全面推动专业技术人才向乡村聚集。

（二）创新乡土人才培育机制，做优人才存量

1. 实施百万新型农民技能提升计划

积极开展新型农民技能提升计划，进一步提升农民技能，拓宽增收渠道。通过实施百万新型农民技能计划，培养掌握与运用现代科技培育新型农民，促使农业科技成果转化为农业生产力，促进传统农业向现代农业转变。

2. 实施百万乡土人才培育示范计划

已制定乡土人才培育示范方案，并确保方案有组织地实施。为易迁群众开办了培育示范班，每个月举办一次。重视乡土人才，让乡村发展拥有强大的人力支撑，为乡村振兴带来新的契机。

3. 已制订百万乡村人才定向培养计划

深入挖掘培养，突出带动致富，围绕培育农业人才、发展农业农村经济，壮大一批富有活力的农村发展带头人和“引领者”。

（三）创新乡土人才评价与人事管理机制，激发人才动力

1. 建立职业农民职称制度

评审对象上，新型职业农民既可以是“土专家”“田秀才”，也可以是返乡大学生，还可以是有技术、有项目的归乡创业者。只要是有技术、有能力，愿意在农村干事创业，参与到乡村建设中，带动农业农村发展的人，都可以参加评审。在评审标准上，各市立足当地实际，对学历等不作硬性要求，坚持能力、业绩导向，重点考察技术水平、经济社会效益和示范带动作用。在评审方式上，采取业内评价机制，科学遴选专家评委，农民干什么，评委就问什么，把业绩展示、面试答辩、综合评议等方式有机结合起来。

2. 建立乡土人才以赛代评机制

乡土人才以赛代评机制，支持各村（社区）开展乡土人才创新创业大赛和传统技艺技能大赛，获得优异成绩的选手可直接认定技师、高级技师。靖安镇通过以赛代评、以赛代征的形式，培养和选拔出一批适合靖安农村发展的技能人才。同时通过宣传弘扬优秀技能人才成绩，在全社会营造尊重技能、重视技能人才的良好氛围。

（四）创新乡村人才服务保障机制，营造良好环境

1. 全面落实乡镇工作人员待遇保障

落实正常的待遇和福利。建立乡镇工作人员工资性收入正常增长机制，全面落实乡镇工作补贴、年终一次性奖金等津贴补贴政策。建立健全关爱帮扶制度。主要是明确建立领导干部联系和走访慰问基层干部制度、落实谈心谈话制度、优抚优待因公殉职基层干部家庭等规定和要求。

2. 加大乡村人才薪酬激励力度

加大从基层一线选拔使用干部力度。主要强调要从制度机制方面，拓宽基层干部成长进步渠道，充实基层工作力量，通过干部履历培训，提升基层干部素质能力。完善干部正向激励机制。主要是对激励基层干部相关措施作了明确说明，给予了很大优惠。比如，提高基层一线干部在各类评比表彰中的名额比例，乡镇（街道）机关事业单位年度考核优秀等次比例提高到20%。

3. 完善乡村社会保险制度

为创新人才购买社会保险，保障干事创业人员生命健康安全。开辟乡村人才服务绿色通道，为人才营造安心舒心的环境，帮助解决住房、就医、子女教育、配偶就业等问题，当好人才的“贴心人”，真正让人才感受到诚意。靖安镇坚持深化人才领域“一次办好”改革，通过为人才提供快捷高效的优质服务，让人才更有归属感和获得感，从而更好地激励各界人才参与乡村振兴。

（资料提供：昭阳区靖安镇组织干事　马霞）

案例三　昭阳区布嘎乡乡村人才振兴案例

推进乡村振兴必须把人才振兴放在首要位置，围绕“引、育、用、留”，不断加强农村人才队伍建设，着力打造一支懂农业、爱农村、爱农民的“三农”队伍，为全面推进乡村振兴、加快农业农村现代化提供有力人才支撑。布嘎乡在推进全面振兴战略中，重视人才队伍建设，坚持人是发展的活力源泉和创新引擎，采用理论指导和实践探索相结合，“请进来”和“引出去”相结合，打造聚集人才新高地，不断发挥人才聚集优势，在乡村沃土上聚心、聚力、聚智。

一、布嘎乡概况

布嘎乡位于城区南 15.5 千米处，土地面积 97.24 平方千米，平均海拔 1970 米。辖区内有国道 213 线、渝昆高速、都香高速、昭通机场连接线等重点道路及项目工程。全乡辖区布嘎、迎水、新街、白石、花鹿坪五个村委会，66 个自然村，78 个村民小组。截至 2021 年 12 月底，全乡共有人口 10342 户 36254 人。近年来，布嘎乡党委坚持以人才为先，狠抓农村人才队伍建设，在乡村振兴发展道路上走出了一条人才兴乡的“布嘎新模式”。

二、布嘎乡推进乡村人才振兴基本做法

（一）加快培养农业生产经营人才

1. 强化教育培训，提高农村实用人才致富能力

建立了花鹿坪村劳动力转移就业岗前培训学校，利用学校聘请专业技术教师对农村实用人才进行培训，有效提高了农村实用人才的科学文化素质、生产劳动技能和适应市场经济的能力。通过定期组织农民专业合作社带头人、农村企业家等农民致富带头人赴苹果产业基地、蛋鸡养殖基地、黄牛养殖基地等参观学习，进一步为农业产业人才开阔视野、拓展思路、提升本领。同时，乡党委政府注重发挥领导作用，强化政策支撑，整合惠农资源，加大对种植业、养殖业的扶持力度，加快土地流转，推动土地、项目、资金向种养企业、农村专业合作社倾斜、集中，实现农业资源的优化配置和生产要素的从头组合。自 2019 年以来，全乡累计整合土地 3 万亩，移交昭通海升现代农业有限公司用于建设高标准苹果产业园建设。此外，乡党委政府坚持多渠道充分发挥高素质农民队伍的“传、帮、带”作用，组建了以“土专家”“田秀才”为人才库的宣讲团，不定期到各村巡回宣讲，用身边人、身边事和个人的致富经验，对群众进行技术指导和致富引导，充分发挥了农村实用人才“科技宣传员”和“致富引领员”的作用。

2. 着力培养农民合作社等带头人

布嘎乡目前有规模化的合作社 1 家，公司 3 家。2009 年，乡党委政府引进了生态牧业有限公司入驻迎水村发展蛋鸡养殖；2010 年，引进昭阳区绿众养殖专业合作社在布嘎村发展蛋鸡养殖；2015 年，扶持昭通市昭阳区碧昊牧业有限责任公司在花鹿坪村发展黄牛养殖；2020 年，由白石村党总支书记牵头，引进企业在白石村流转土地 300 余亩发展高原冷凉蔬菜种植业。通过乡党委政府不断的招商引资和资源配置，目前，布嘎乡党委政府培养的以上 3 家企业已成为本土产业发展中的引领者，成为乡村产业发展的带头人。特别是昭阳区绿众养殖专业合作社已由 2010 年的固定资产 200 万元的小微企业发展为现在的固定资产超 3000 万元、年利润 700 万元的大企业。2021 年，合作社法人马文丽入选昭通市“鲲鹏计划”人才。通过培养农民专业合作社和企业带头人，布嘎乡产业发展正在稳步向前，也为吸引更多的优秀企业家落户昭通、助力昭通，打造青年人才“引擎”奠定了基础。

（二）加快培养返乡就业人才

布嘎乡着力培育农村创新创业人才，改善农村创新创业环境。

（1）布嘎在培育乡村振兴人才的目标导向下，积极引导大中专毕业生、退役军人、科技人员等返乡创业，为全乡创新创业提供人力资源保障。布嘎结合基层工作实际需求，针对返乡创新创业人员，不断拓展基层就业空间，开发了岗位，满足了基层经济社会发展的需要。

（2）通过与区有关部门对接，为人才提供一站式服务，设立村级人才服务站，引导高校毕业生等在村锻炼，为村发展建言献策。目前，乡党委政府利用公共和服务岗位，吸引大中专院校毕业生 16 人在村开展工作，为乡村发展提供了人才支撑。

（三）加快培养乡村公共服务人才

1. 加强乡村教师队伍建设

布嘎乡党委政府高度重视教师队伍建设。多措并举深化乡村教师队伍建设，与乡中心校加强义务教育阶段薄弱学科培训、分学科专题培训，努力提高教师教学水平，加强并完善乡村教师补充交流制度，进一步提高整体素质。努力解决农村中小学师资力量薄弱、结构性矛盾突出问题。深化教师平时管理机制，破除制约乡村教师队伍建设的体制机制障碍，在建立激励机制的同时，由乡党委政府每年在教师节拿出一定的财政资金表彰先进、优秀教师。自 2016 年以来，布嘎乡党委政府每年对全乡农村教师及优秀管理者进行奖励，累计投入奖励资金和教学设备购置资金 80 余万元，有效地激励了农村教师扎根乡村学校任教的工作积极性。

2. 加强乡村卫生健康人才队伍建设

为确保布嘎乡卫生健康人才能够有充足的办公环境，也为全乡群众提供一个舒适的就医环境，乡党委政府采取有力措施，把原占地 500 平方米的布嘎乡计生服务站办公用房提供给乡卫生院用于开设中医推拿馆，拨付资金 25 万元用于办公用房的修缮处理。极大地满足了乡人民群众的看病需求和卫生健康人才的办公需求，吸引了更多的优秀医护人员到布嘎乡卫生院就业。

3. 加强乡村规划建设人才队伍建设

乡党委政府结合“干部规划家乡行动”，摸清全乡人才状况，逐一排查个人擅长专业，了解为村服务意愿；通过多种渠道掌握乡贤能人回乡创业的积极性等。经初步摸排和征求意见，全乡有67人到村参与乡村规划。在2021年，各村都组织了村级发展规划会、现场踏勘会议等。由乡党委政府支持，村党总支带头聚贤纳士，组建了3个乡村规划建设人才队伍，为未来10年村级乡村振兴产业发展指明了方向。

三、布嘎乡推进乡村人才振兴经验和启示

（一）突出农村人才引进的侧重点

乡村振兴是农村高质量的振兴、是农村全面的振兴、是农村持久的振兴，对人才的要求不仅仅是追求数量，更要看重质量。

1. 注重人才引进效率

实事求是，找准当前农村发展阶段的现实情况，紧扣乡村振兴目标要求，加大培育产业兴旺所需要的技能型人才、生态宜居所需要的环保产业人才、乡风文明所需要的乡贤人才、治理有效所需要的基层管理人才等群体向聚焦乡村发展。以农业企业技能人才、高素质农民、农业产业带头人才、热衷服务农村的乡贤能人等作为重点培养对象。

2. 坚持长期搭建农村人才梯次队伍

全面振兴要求各行各业都要有人才作为支撑，构建农村人才梯次队伍是夯实农村人才体系的基石。要着眼长远，进行长期规划，加大财政投入，结合本地实际，引进一批能够起到良好带头示范作用的“领头雁”人才，引进一批在辖区内甚至会对全区产生影响、改变原有产业结构的突破性创新人才，一批具备一定学历基础的中高层次人才，一批农村发展产业人才，确保农村人才高、中、低结构合理优化、层次分明。

布嘎在推进乡村战略中，坚持以市、县人才市场为主干和依托，以乡镇人才为补充，建立健全农村人才服务网络体系。因地制宜，讲求实效，积极开展人才教育培训，及时为农业生产和农民提供各种人才、技术和信息服务，发挥人才市场的辐射、示范和带头作用，不断优化人才队伍建设，为乡村建设提供了动力源泉和人力支撑。

3. 搭建了人才培育联盟

在发展的全过程中，布嘎镇坚持整合资源要素，推动人才聚集，在人才培育的过程中积极践行“产教结合、资源共享、优势互补、融合发展”的理念，立足于布嘎的实际，建立了布嘎人才培育联盟，形成产教深度融合的发展新格局，促进布嘎地区农业转型升级，助力乡村振兴。

（二）提升农村人才培育的针对性

1. 结合产业“育才”

建立农村人才库，对人才进行科学分类，按照种植业、养殖业、商业、乡村旅游等进行

分类统计，并结合产业发展需要，聘请专业师资有针对性地开展专题培训，提升农村各类人才的综合素质和致富能力。人力资源是农业企业不断飞跃发展的源泉动力，通过建立农村人才库，及时有效的储备优质人才，需要人才时能够在短时间内应对岗位需求，不会因为人才缺位问题延缓农业企业的发展程度。

2. 对标新型“育才”

着力培养农村新型人才，根据人才年龄层次和学历结构，择优组织一批文化基础较好、致富能力较强，但综合素质不高的农村人才到农业产业发展好的地方进行交流学习，不断提高农村人才的专业素养。扩大发展视野要在培育新型职业农民上舍得“下功夫”，积极对接新职业工种培训，积极挖掘优质培训资源，强化培训服务，打造县域人才培训品牌和集群效应。

（三）激发农村人才发展的创造力

1. 依靠政策引导

有针对性出台促进本土农村人才发展的倾斜政策，建立政府引导、市场配置、项目对接、利益共享机制，在资金、税收、基础设施建设等方面给予特殊的优惠政策，引导各类人才通过自身掌握的技能发挥自身特长，促使各类人才在农村的广阔天地大显身手。

2. 依靠激励带动

通过加强农村基层党建，优先吸纳农村人才入党、进入村“两委”干部、推荐担任“两代表一委员”等政治待遇，增强农村人才荣誉感。加大典型事例的宣传力度，广泛传播农村人才勤劳致富的优秀事迹，在全乡区域内营造尊重农村人才的良好氛围。

3. 依靠感情“拴心”

留住农村人才根本是要留住心，通过打好“乡情牌”，以亲情、乡情、友情为纽带，提升农村人才服务农村、扎根基层的思想自觉和行为自觉，在广阔的农村大地上创造人生财富、实现人生价值。

（资料提供：昭阳区布嘎乡组织委员　白仕迅）

案例四　昭阳区守望回族乡乡村人才振兴案例

习近平总书记指出，要推动乡村人才振兴，要把人力资本开发放在首要位置，强化乡村人才振兴。乡村人才振兴是农村经济高质量发展的基础，更是实施乡村振兴的重要保障和应有之义。昭阳区守望回族乡积极引进培育、挖掘乡村人才，充分发挥人才作用，不断激活人才引擎。通过打造一支强大的乡村振兴人才队伍，实现了人才、土地、资金、资源、产业汇聚的良性循环，形成了农业农村大汇聚、农业经济大飞跃、农业农村发展质效大提升的良好局面。

一、背景情况

守望回族乡位于昭阳城区东南 8.3 千米，面积 68.7 平方千米。辖区内有水井湾、甘河、刘家海子、马贵闸 4 个社区居民委员会，卡子、八仙、葫芦坪 3 个村民委员会，56 个自然村，96 个村民小组。共有户籍人口 15523 户 52439 人，常住人口 13746 户 48316 人，全乡劳动人口 27234 人。收入以烤烟、苹果种植、黄牛养殖、劳动力外出务工为主。2021 年全乡经济总收入 5.314 亿元，人均可支配收入 9690 元。守望回族乡交通优势明显，G356 大山包一级公路、G85 渝昆高速、都香高速路均从辖区穿过；正在建设的渝昆高铁贯穿刘家海子社区、葫芦坪村、八仙营村、水井湾社区、卡子村。

产业主要集中在马铃薯、苹果种植和黄牛养殖方面：①实施完成马贵闸、水井湾 2 个高标准农田建设项目 2000 亩；②积极推广高产玉米和脱毒马铃薯等优质特色农作物种植，累计实现粮食总产量 7.68 万吨；③烤烟种植总面积 14920 亩，全乡顺利完成了 235 万千克的烤烟收购任务；④建成高标准苹果种植基地 2 个，面积 5000 亩，现有苹果种植面积达 9500 亩，2021 年实施昭阳区“一县一业”苹果产业建设，新植苹果 1800 亩，低产果园改造 1000 亩；⑤全乡牛存栏 5624 头，出栏 4047 头，肉产量 558 吨，生猪存栏 8761 头、出栏 9565 头，肉产量 710 吨，山羊绵羊存栏共 4352 只、出栏 3137 只，肉产量 59 吨，家禽存栏 62245 只、出栏 83980 只，肉产量 148 吨，全乡肉类总产量 1475 吨，同时建成黄牛养殖基地 2 个。

全乡在外公职人员 500 余人，其余乡内人才主要集中在种养殖方面，尤其是黄牛养殖和苹果种植方面。

二、守望回族乡推进乡村人才振兴基本做法

（一）加快培养农业生产经营人才

1. 培养高素质农民队伍

深入贯彻落实云南省《关于加快推进乡村人才振兴的意见》文件精神，着力培育一批文化水平高、专业技术强、管理能力优的高素质农民队伍，带动更多的农民共同发展、共同致富，积极推进农民现代化。守望回族乡通过“万名人才兴万村”行动，7 名专家服务团到村，他们充分发挥智力、资源优势，通过定向服务、人才项目引领、借力合作支持等方式，组织农民进行苹果种植、黄牛养殖等技术培训，全面助力乡村振兴。

2. 培养农民合作社带头人

守望乡黄牛养殖带头人撒艳红，2013 年 6 月大学毕业后选择回乡创业，用房产证抵押向银行贷款 100 万元，跟亲戚借款 100 万元，先后投资 200 多万元，成立了昭通市昭阳区伊清园养殖有限公司。公司位于昭通市昭阳区守望乡八仙村 12 社撒家湾，占地面积约 10 亩。经过五年多的努力，现公司初具规模，从建厂初期存栏 30 头黄牛发展到现在存栏肉牛、能繁母牛、牛犊 200 余头。公司严格按照《优质肉牛饲养规范》进行科学饲养和管理，在区、乡两级畜牧兽医管理人员的精心指导下，所养牛的防疫率、耳标打挂率均达 100%。并破解了在昭阳区养牛最大的难题——冬春两季的饲草匮乏，改变传统养殖习惯，提高养殖技术含量。撒艳红先后到重庆、四川、河南、山东、昆明等地学习考察。通过外出学习，引进外省玉米秸秆青贮先进技术，修建了昭阳区第一家大型青贮池，池子长 30 米，宽 9 米，高 3.5 米，可满足 100 头牛吃 10 个月的饲草，不仅破解了冬春饲料匮乏的难题，还变废为宝，秋收时节，公司大量向当地农户收购玉米秸秆，增加了农民收入，提高了养殖效率，降低了公司饲草成本，减少了环境污染。公司积极探索推进肉牛规模化养殖，由于公司大型青贮池储草获得成功，周边群众也纷纷上门参观学习，很多农户都是按照传统养殖习惯散养，家里年轻人都外出打工，靠家里老人发展养殖，从而使喂养饲草成了难题。大家都想走科学化饲养道路，现有很多农户自愿要求加入其公司，希望公司能为他们提供青贮饲料及技术上的培训。公司招聘当地 10 名建档立卡贫困户到公司工作，收割草料季节兼职人员达 50 名，不仅带动了周边养牛技术的发展，还为当地群众在家门口就业提供了就业岗位。

（二）加快培养农村二、三产业发展人才

1. 培育农村创业创新带头人

马立，守望乡青年人才党支部党员、乡村致富带头人、昭通市第一批农村电商倡导与电商扶贫践行者，昭通市电子商务行业协会、共创汇、丑甜心、乌蒙优品等企业品牌创始人。曾在电商平台有多年从业经历，在运营推广、技术搜索优化领域具备较强的核心竞争力。拥有丰富的网络运营经验，对电子商务行业发展情况及趋势熟悉，在行业内具备一定的影响力及社会资源、组织、拓展能力。现已具备良好的产业链发展基础，其团队组织架构完善，获

得 SYB 导师、网创、微店商学院讲师等资质。

其公司及合作社自成立以来，已完成投资 960 余万元，在各级党委政府的关心下，获得市级龙头企业、示范合作社、绿色食品、扶贫车间、孵化见习基地、电商服务站、益农信息服务社等荣誉资质。目前以“市级龙头企业 + 市级示范合作社 + 绿色食品基地 + 电子商务 + 扶贫车间 + 农户”模式发展，通过宣传销售、品牌塑造，拉动种植、加工相关产业发展，不断突破可持续发展困境、满足市场需求及带动周边产业发展。目前已自种苹果树 300 多亩，吸纳周边 298 户农户参与，总计种植面积 600 余亩，为周边苹果树进行支持水源灌溉、种植技术管理、农资支持、帮助销售、品牌建设、保鲜仓储等。现有返乡农民工、大学生网络技能从业人员 36 人。涉及平台运营、平面设计、视频直播等诸多技能人才，通过销售及种植带动 298 户 1376 人参与种植，其中贫困户 118 户 336 人，采购范围辐射周边 4 个乡镇（守望、永丰、小龙洞、北闸），每年解决千亩以上（1100 吨左右）优质苹果销售问题。在 2021 年实现 1900 余万元销售额，为 600 户以上农户创造直接收益，大幅度降低了周边村民的滞销风险，有力地保障了农户的种植信心。当下公司及合作社正在寻求突破当前产业发展困境，创新思路，开展创业园区建设服务工作，以“产品展示 + 营销 + 仓储 + 包装 + 冷链物流体系 + 现代服务业 + 休闲”“旅游度假 + 种植（养殖）产业”结合为核心，形成一个商业中枢，多个生态农业伴生体系，不断通过“创业园”赋能，培育壮大各类新型经营主体，充分利用人流、物流、信息流，融合一、二、三产业链，打通供应链，创新产业链，重塑价值链。着重发展具有指向性的电商直播产业集群，大力参与乡村振兴事业。

（三）加快培养乡村公共服务人才

1. 加强乡村教师队伍建设

2021 年，守望乡与昭通学院签约建立教育实践基地。昭通学院作为一所具有高质量办学水平的高校，不仅具有一流的硬件设备，更具备实力雄厚的人才和人文资源，守望中心学校及守望中学充分调动教师积极性，用好、用足、用活昭通学院提供的资源。建设教育实践基地，从学校层面来讲，将有利于守望乡各学校教育发展空间的进一步扩大，让农村学子可以享受更优质的教育机制。与此同时，对于昭通学院拓展优势学科，延伸影响力和基础课程设置也有很大帮助，甚至可以引发学院对在校学生培养方向和教学思路的思考。从教师层面来讲，引入高校的教学资源可以拓展教师视野，涉猎更多领域，也能接触新知识和新观点，提高教师的教学能力；从学生层面来讲，大学是神圣的地方，可以有机会听到高校教师授课，会极大地激发他们的学习热情和学习动力。

2. 加强乡村规划建设人才队伍建设

“干部规划家乡行动”是实施乡村振兴战略的一项重要工作，守望乡党委坚持把“干部规划家乡行动”作为党史学习教育“我为群众办实事”实践活动中的一个着力点，通过乡、村、组干部积极排查、宣传动员，邀请在外公职人员、乡贤代表、致富带头人回乡参与乡村规划，积极为家乡规划建言献策，服务家乡发展。经初步摸排，全乡共有在外公职人员、经商人员 478 名，其中 159 人到村参与了乡村规划。2021 年，全乡组织“干部规划家乡”座谈会、村级发展规划会、现场踏勘会议等 18 次，组建了 7 个村庄规划编组，充分激发返乡干部的家乡情怀，推动干部带着“乡愁”做规划，共同助力家乡发展。

三、守望回族乡推进乡村人才振兴经验和启示

乡村振兴，人才是关键。守望回族乡实施乡村振兴战略，坚持把人力资源放在重要位置，坚持人才引进、培养、使用、管理并重的原则，不断推动乡村人才振兴发展，为云南省的人才振兴提供了守望经验。

1. 积极开展各类人才培育计划

（1）积极开展“凤凰计划”“鲲鹏计划”推进行动。按照“缺什么、补什么”的原则，结合守望乡实际，大力实施人才培养工程，加大各领域领军人才培养；扎实开展“凤凰计划”“鲲鹏计划”申报工作，千方百计加强高层次人才引进，积极发挥守望乡“青年人才党支部”的作用，培养一批具有示范带头作用的能工巧匠、“土专家”和“田秀才”。

（2）实施高校毕业生基层成长计划。结合守望乡教育实践基地建设和团委志愿者活动，根据不同专业每年为大学生提供实习岗位进行实践活动，到村实地调研进行课题研究，其中，农学专业的学生到苹果地监测橘小实蝇。2021 年度已提供了 60 余个大学生社会实践岗位，并对其住宿做了全面安排。

2. 重视人才培育

守望乡重视人才培育，注重激活乡村人才活力。

（1）坚持“立足产业、政府主导、多方参与、注重实效”原则，通过各类培训方式加强乡村人才培育。大力从种养殖大户、家庭农场主和返乡创业农业经营主体中优选培育对象，依托省、市、县等资源开展农业农村人才实用技术培训，不断提高农业人才素质。同时重视乡村人才队伍建设，注重整合人力资源，结合守望乡实际情况，打造专业农村技术服务队，为本地主导产业提供专业指导，大力提升了守望乡农业现代化水平。

（2）守望回族乡扎实推进农业农村创新发展、转型升级、培育了一大批扎根农村、献身农业的新农人。通过树立典型，进一步营造全民参与乡村振兴的良好氛围。注重让各类专业人才进一步发挥示范带头作用，努力在推动农业更强、农村更美、农民更富的生动实践上做大贡献，进一步鼓励和吸引各类人才投身乡村建设、推动农业高质量发展。

3. 强化人才服务

（1）守望乡重视人才队伍建设，强调引得进是前提，留得住是关键，将人才服务放在重要突出位置，让各类专业人才回归家乡，更有信心、更有温度地参与乡村振兴。昭阳区守望乡针对基层人才少，引才难的实际，注重扶贫与扶智相结合，引导科技、教育、产业等方面的惠农资源注入农村，创新人才培育方式，提高人才服务效能，扎实开展乡村振兴战略，为全面推进乡村振兴，加快农业农村现代化提供有力人才支撑。

（2）守望乡在留住人才上，注重打造暖心感人、拴心留人的人才环境。人才政策聚焦提高人才服务质量，守望乡坚持以更优服务让各类人才在守望安身、安心、安业。

实施人才分类管理。重点突出、因人施策。强调人才服务要精准、人才培训要高效、人才输出要优质，不断优化人才队伍建设。

针对各类农村人才普遍关心的医疗、子女教育等方面的实际需求，提出了系列配套措施，解决了后顾之忧，营造了良好氛围。

（资料提供：昭阳区守望回族乡组织委员　马丽娟）

案例五　昭阳区苏家院镇坪子村人才振兴案例

全面推进乡村振兴，需要更有力的人才支撑，为乡村高质量发展注入强劲动能。要实现在乡村振兴上开新局、推动农业农村现代化，需要巨大的物质力量，更需要强大的人才支撑。在此过程中，苏家院镇坪子村不断创新，探索出了一系列富有特色、行之有效的做法，亮点纷呈，为推动人才振兴开展下一步工作提供了借鉴意义。

一、坪子村概况

坪子村隶属昭通市昭阳区苏家院镇，距镇政府约 2 千米，距昭阳区县城约 16 千米。坪子村设有 1 个基层党委，9 个村民小组党支部，有党员 104 名，党员活动室 7 个，下辖 5 个自然村 19 个村民小组，共有人口 2282 户 7450 人，其中有劳动力 3900 人，在外务工有 2300 人左右，主要有汉族和彝族两个民族。全村土地面积 11.98 平方千米，其中耕地面积 3751.41 亩、林地面积 1900 亩、其他农业用地面积 14562 亩。坪子村最高海拔 2580 米，最低海拔 1940 米，平均海拔 1968 米，有耕地 3751.41 亩（人均 0.56 亩），林业用地 1900 亩；主要粮食作物、经济作物有苹果、马铃薯、玉米以及树苗等，共计流转土地 1000 亩。2020 年建成高标准苹果示范基地，每年可吸纳长期务工劳动力 150 人。国道 G356、昭璞绿道穿境而过，凤苏公路贯穿全境，总体道路硬化率达 98%。全村经济来源主要依靠林果、粮食、烤烟、畜牧及劳务输出。村内有小学 1 所，小学阶段无辍学学生；已建标准卫生室 1 所，村民小组活动场所 7 个。2018 年至今连续四年被评为市级“四好”农村公路示范点；2019 年被评为区级文明村；2020 年被市、区政协选定为“协商在基层”示范点，创建为市级美丽村庄；2021 年被昭通市乡村振兴局选定为全市乡村振兴示范点之一。

二、坪子村推进乡村人才振兴基本做法

（一）夯实党建基础，筑牢战斗堡垒

持续推进党的组织和党的工作全面覆盖，全村基层党组织实现应建尽建、运行规范，组织生活严肃，构建起上下贯通、执行有力的严密组织体系。加大从青年农民、高知识群体、大学生以及非公有制经济组织和社会组织从业人员等群体中发展党员的力度，源源不断把各行业、各领域的先进分子特别是优秀青年吸收到党组织队伍内来。坪子村建有入党积极分子储备库，每年至少发展 1 名优秀青年党员，全村党员中大专及以上学历的在 25% 左右；抓好人才培养储备后备力量，每年培养储备 2 至 3 名 35 岁干部，夯实人才梯队建设；通过培

养一批带头致富、带领群众致富的党员致富能手，加强村干部能力素质和学历水平“双提升”培养，村“两委”成员大专以上学历的在80%左右，基本实现村民小组党支部全覆盖，并100%高质量规范化建设达标。促使全村党员队伍结构更加合理、素质更加优良，基层党员干部队伍精气神全面提振。

（二）强化人才建设，激发创新活力

在全面提高村民思想文化素质的基础上，稳步增加人才总量。促进人才结构与经济结构基本适应，全面提升人才队伍素质；建立健全人才开发机制，优化人才成长的环境，使人才在坪子村经济社会发展中充分释放潜能，施展才干；围绕引进人才目标，坚持用事业吸引人才，依托乡村振兴重点项目和坪子村优势产业招揽人才，保证经济社会发展各方面近期发展与长期发展的人才需求，尤其保证优势产业、重点产业的人才需求。以提高职业技能和经营能力为核心，以农村实用人才带头人为重点，以繁荣农村经济为目的，扩大规模、提高素质、优化结构，使农村实用人才总量大幅度增加，农村人力资源整体实力不断增强。到2022年，全村农村生产能手、农村经营能人、能工巧匠等农村实用人才总数达到1000人。

（三）多措并举，加强人才队伍建设

1. 培育生产型人才

结合坪子村有在家劳动力2200余人主要从事种养殖业的实际，大力开展农村实用人才培训，着力培育农村实用人才带头人，鼓励和支持农村实用人才带头人牵头建立专业合作社组织和专业技术协会，加大对致富带头人等优秀农村实用人才的培养力度。坚持完善农村实用人才评价、服务与激励机制，定期开展对农村优秀实用人才的选拔表彰工作，为提高农村实用人才的社会地位树立良好导向。建立完善创业激励体系，对创业成果突出、示范效果明显的农村实用人才进行表彰奖励，从精神、物质等多方面鼓励支持农村实用人才创业兴业。2021年，分别建设一支20人的苹果种植、6人的贡米种植和6人的生猪养殖等产业方面指导员队伍，对全村的苹果种植、贡米种植和生猪养殖进行系统的指导，并带领帮助农民增收致富。

2. 优化经营管理人才

建立村党委统一领导班子，成员各司其职、密切配合，社会力量广泛参与的人才工作领导小组。把实施人才发展规划的任务纳入年度考核，建立“一把手”抓“第一资源”的考核制度，充分调动共青团、妇联等群团组织的积极性，协同抓好人力资源建设，形成人力资源统筹开发的整体合力。引导和鼓励高校毕业生、成功人士回村创业，加强对回村创业人员的培训，成长为能带领群众增收致富的农村实用人才。从2019年起，每两年至少回引1名优秀人才；2022年初，组建了一支20人的，在家庭农场经营、农村专业合作组织、农村经纪、电子商务等生产活动中有一定规模并有一定经济收入、有较大示范带动效应或能吸纳一定数量的劳动力就业的人才队伍。

3. 提升专业技能人才

通过积极争取人社、妇联、团委、民政等部门的培训项目，对全村在家的劳动力 2200 余人进行分类分批、线上线下，多渠道、多形式、多内容的培训。预计到 2025 年，至少组建 5 支共 190 人的能带动农民掌握一定专业技术，具有制造业、加工业、建筑业、服务业等方面的特长或技能，并扎根农村、服务基层的农村专业化技能人才队伍。

4. 孕育乡土文化人才

以小组为单位对乡土人才进行登记造册，建立乡土人才库，实行动态管理，为乡土人才的培养、使用、流动和培训等提供依据。要充分发挥市场配置人才资源的基础性作用，进一步建立健全乡土人才服务体系，完善人才市场服务功能，为乡土人才提供人才需求信息，搞好全方位服务，鼓励和支持乡土人才合理流动。组建一支善于传承发扬乡村优秀传统文化，以乡村工匠、文化能人、非遗传承人、手工艺人等为主体的乡土文化人才队伍。

5. 配强乡村治理人才

坚持把政治标准放在首位，选拔思想政治素质好、道德品行好、带富能力强、协调能力强，公道正派、廉洁自律，热心为群众服务的党员担任村民小组党支部书记。注重从本村致富能手、外出务工经商返乡人员、本乡本土大学毕业生、退役军人中的党员里培养，依法推选为群团组织负责人、村民小组党支部书记和村民小组长。加强乡村法律服务人才培训，以村干部、村妇联执委、人民调解员、网格员、村民小组长、退役军人等为重点，加快培育“法律明白人”。全村组建设 7 支不少于 3 人的政治立场有定力、为民服务有情怀、勤政务实有本事、认真负责有担当、干事创业有办法、廉洁公道有口碑，以村“两委”班子、村务工作者、驻村工作队为主体，村民小组长、新乡贤、老党员、老干部等人员广泛参与的乡村治理人才队伍。

（四）干部回乡，共同规划家乡发展

“干部规划家乡行动”是实施乡村振兴战略的一项重要工作，坪子村党委坚持把“干部规划家乡行动”作为党史学习教育“我为群众办实事”实践活动中的一个着力点，通过村组干部积极排查、宣传动员，邀请 26 名在外公职人员、14 名乡贤代表、12 名致富带头人回乡参与乡村规划，并通过听取汇报、座谈访谈等方式，返乡成员对坪子村的基础设施、产业发展、公共服务设施、人居环境整治提升、本村发展规划等进行全面了解，统筹考虑人才、文化、生态、产业、组织五大规划内容，把市级脱贫致富示范区先导工程示范点（范家坝塘自然村）作为规划重点，为家乡量身定制“接地气”的“多规合一”村庄规划编制方案。

三、坪子村推进乡村人才振兴的经验和启示

1. 完善组织领导

贯彻党管人才的原则，建立村党委统一领导班子，成员各司其职、密切配合，社会力量

广泛参与的人才工作领导小组。坪子村把实施人才发展规划的任务纳入年度考核，建立“一把手”抓“第一资源”的考核制度，定期表彰奖励人才。注重调动共青团、妇联等群团组织的积极性，协同抓好人力资源建设，形成人力资源统筹开发的整体合力。

2. 完善投入机制

坪子村在推进全面乡村振兴的进程中，坚持整合社会各界力量，不断完善人才体系，不断加大对人力资源开发的投入力度，构建了人才投入多元机制。通过与昭通市文旅局、市委市直机关工委、市农科院等单位院校的结对联系，聚集打造坪子村高水平人才培养高地。同时创建人才奖励机制，鼓励和支持社会力量参与人力资源开发，形成以产业投入为导向、广泛吸纳社会资金的人力资源开发投入机制。

3. 完善各项制度

坪子村在具体实践中，实行更加积极、更加开放、更加有效的人才政策，努力营造良好的人才发展环境，让各类人才的创造力竞相迸发、聪明才智充分涌流。

（1）深化党政农村人才制度改革，形成人尽其才、人事相宜的局面。

（2）深化收入分配制度改革，建立以业绩为取向的分配机制，鼓励和引导村本级和下属村民小组创新分配制度，建立符合自身特点、适应农村发展的分配办法。

（3）完善村“两委”班子成员与农业产业专家联系制度，经常听取专家对坪子村经济社会发展的意见和建议。

（4）围绕坪子村类似先导工程示范点等重大建设项目、重要经济社会发展课题及其他重点难点问题组织专家联合攻关，努力营造人才充分发挥作用的优越环境。

4. 完善宣传机制

动员全村党员干部，利用微信朋友圈、抖音短视频及公众号等新兴媒体，通过会议、人才招聘、人才调研等方式，全方位、多角度开展宣传活动，形成正确的舆论导向。通过广泛宣传，在全村形成浓厚的尊重知识、尊重人才、尊重劳动、尊重创造的良好氛围。大力宣传本土本村优秀人才的先进事迹、先进经验，形成人人关心、支持、参与坪子村建设的共识。

（资料提供：昭阳区苏家院镇组织委员　洪康）

致 谢

本书在撰写的过程中，得到了云南省社科联相关领导、同志的大力支持，在此表示衷心的感谢！

本书在撰写相关案例的过程中，也得到了楚雄州双柏县法脿镇党委、昭阳区靖安镇组织干事、昭阳区布嘎乡组织委员、昭阳区守望乡组织委员、昭阳区苏家院镇组织委员等单位领导和同志们给予的特别帮助，在此表示衷心的感谢！

此外，西南林业大学经济管理学院的硕士研究生杨玉霞、张晋豪、赵丽、黄丽、余雨薇、陈琳等投入了大量时间进行研究、调查、参与编写，对他们的辛勤付出表示特别感谢！

由于时间仓促，加之编者水平有限，书中还有不足之处，恳请各位读者给予指正和谅解！